DU GOUVERNEMENT,

DES MŒURS,

ET DES CONDITIONS

EN FRANCE,

AVANT LA RÉVOLUTION.

DU GOUVERNEMENT,

DES MŒURS,

ET DES CONDITIONS

EN FRANCE,

AVANT LA RÉVOLUTION;

AVEC

Le caractère des principaux personnages du Règne de *LOUIS XVI*.

Par M. Senac de Meilhan, ancien Intendant de Valenciennes.

Repetendum videtur, qualis ſtatus urbis, quæ mens exerci-
tuum, quis habitus provinciarum, quid validum, quid ægrum
fuerit, ut non modo caſus, eventuſque rerum qui plerum-
que fortuiti ſunt, ſed ratio etiam cauſæque noſcantur.

TACITUS, Lib. I. hiſt.

A HAMBOURG,

CHEZ Benjamin Gottlob Hoffmann.

1795

TABLE
DES TITRES.

FIN DE LA TABLE.

CONSIDÉRATIONS
PRÉLIMINAIRES.

En voyant un grand Peuple célèbre par la facilité
& la douceur de ses mœurs, remarquable depuis
dix siècles par un amour passionné pour ses Rois,
passer de l'obéissance & du respect aux plus violens excès, contre le Roi, les Princes, les Grands,
le Clergé, on doit croire, que les plus cruelles
injustices ont seules pu altérer le caractère de ce
peuple & le porter du désespoir à l'insurrection.
Les nombreux écrits, que la démocratie enfante,
représentent les Nobles armés de privilèges oppres-
sifs, & le Tiers-Etat opprimé, avili, sans moyens
de fortune & d'avancement. Il semble, en lisant ces
écrits, qui circulent dans l'Europe entière, que
des favoris dissipoient les trésors de l'état, & que
le Monarque aux cruautés de Louis XI, réunissoit
les goûts dissipateurs des derniers Valois. Les ouvrages favorables au parti opprimé ne sont lus en
général que par ceux de ce parti & disparoissent
avec la circonstance qui les a fait naître; on ne
peut se dissimuler aussi, que les écrits des Démo-
crates, qui présentent à la multitude de tous les
pays la trompeuse amorce de l'égalité, & de la
liberté, en doivent être plus favorablement accueillis

A

que ceux du parti oppofé : enfin le fuccès, Dieu du monde, le fuccès, qui confacre jufqu'aux forfaits, vient joindre fon illufion puiffante aux raifonnemens ; & on eft porté à donner raifon à des hommes, qui furprennent par les reffources immenfes qu'ils développent, & par des efforts fouvent victorieux (1).

Les efprits les plus fages font eux - mêmes em-

---

(1) Ces efforts au refte confidérés attentivement, loin d'être un objet d'admiration, préfentent l'image du défordre, & du plus aveugle déréglement. Il n'eft pas étonnant que l'on trouve des reffources confidérables dans un pays abondant en numéraire, riche en productions de tout genre, & peuplé de vingt - fix millions d'habitans. L'habileté confiftoit à proportionner la dépenfe & les efforts, aux objets à remplir ; mais la diffipation des Caligula, des Néron n'approche pas de la prodigalité qui caractérife les dépenfes de la Nation. Une reffource immenfe réfultoit de l'invention des affignats, l'ufage exceffif qu'elle en a fait, a avili ce figne repréfentatif, qui pouvoit, bien ménagé, rivalifer avec les métaux ; la Nation, pour lutter contre cent mille hommes, en emploie douze cent mille aux dépens de la culture qui languit, de l'induftrie qui dépérit. Les frais de la guerre s'élèvent à la fomme inouie de deux milliards cinq cents millions ; la reproduction des beftiaux deftinés à la fubfiftance eft attaquée dans fon principe par des confommations immodérées. Frédéric a vu une partie de l'Europe armée contre lui ; il s'eft foutenu malgré l'inégalité de fes forces, & a fini par triompher. Voilà ce qui eft véritablement digne d'admiration.

barraffés pour concevoir comment, dans un efpace de trente-fix mois, fe font évanouis ce profond refpect pour la Royauté, & cet ardent amour pour les Rois commandé par dix fiècles ; comment ces fentimens ont été remplacés par la haine furieufe, par le mépris infultant. Ils ont peine à fe former une jufte idée d'un gouvernement, qui a croulé avec tant de promptitude & de fracas, & fe figurent que fi une oppreffion manifefte & violente ne défoloit pas ouvertement les peuples, ils étoient les victimes des fourdes & continuelles machinations de l'autorité des Grands contre leur liberté & leurs propriétés ; que depuis long-temps enfin le mécontentement comprimé par la crainte, n'attendoit pour éclater qu'une occafion favorable.

En réfléchiffant fur les erreurs de jugement des perfonnes les plus modérées, j'ai penfé, qu'un ouvrage, qui traceroit impartialement l'état de la France avant la Révolution, & fixeroit les idées fur les avantages, dont jouiffoient les différentes conditions de la Société, pourroit être intéreffant pour ceux qui cherchent la vérité pour le feul plaifir de la connoître, & inftructif pour les hommes qui gouvernent, en leur faifant voir, que le défaut de fyftême, l'oubli des anciens principes, l'inattention à fuivre, à faifir la marche de l'efprit humain, peuvent avoir des fuites plus fatales que la plus violente tyrannie ; enfin que cet ouvrage ferviroit à graver profondément dans les efprits cette vérité effentielle, que tout gouvernement qui s'endette, fe précipite plus ou moins rapidement vers un état de détreffe également fatal à fa confidération au-dehors, & à fa puiffance au-dedans.

L'état des Finances a été en France le premier principe de la Révolution; mais cette maladie du corps politique n'a pas été fi grave encore, que les remèdes ont été infuffifans ou mal-adroitement appliqués.

La plénitude de puiffance, dont avoit joui Louis XIV, fans nulle oppofition, avoit produit dans les règnes fuivans une forte d'engourdiffement. Les Monarques, exempts de toute contradiction, n'avoient aucune habitude de difcuffion, aucun ufage perfonnel de politique; enfin nul danger n'avoit, depuis près d'un fiècle, excité leur follicitude. Le Roi a fuccombé, parce qu'il lui a paru impoffible de fuccomber. Un zèle inconfidéré & la légèreté nationale ont déterminé les premières entreprifes contre l'autorité; l'efprit de faction s'y eft joint dans peu, & s'eft enhardi de moment en moment par le défaut de réfiftance. Le gouvernement n'a été frappé du danger que lorfqu'il n'étoit plus temps d'y remédier; & il n'a jamais ni connu le fiècle actuel, ni réfléchi fur la nature des principes & fur les effets communicatifs & rapides de l'enthoufiafme. Tout a femblé facile à réduire, tant que la confiance s'eſt repoſée ſur une armée ; & l'on a dédaigné de s'aſſurer ſi cette confiance étoit fondée ; mais au moment que l'armée a manqué, le trône n'a plus eu d'appui ; & dès que le peuple a eu un ptétexte de s'armer, il a été ſouverain. La légèreté d'eſprit dans les claſſes ſupérieures a commencé la Révolution, la foïbleſſe du Gouvernement l'a laiſſé faire des progrès, & la terreur a conſommé l'ouvrage.

Au moment où le Clergé, où l'ordre de la Nobleſſe ſont venus ſe confondre avec le Tiers-Etat, les fondemens de la Monarchie ont croulé, & il n'y a plus eu aucun degré, qui ſéparât le dernier des citoyens du monarque, qualifié alors *de fonctionnaire* de l'Etat.

La Démocratie étoit la ſuite inévitable d'une telle confuſion ; & l'effuſion de ſang, les plus atroces barbaries, le réſultat néceſſaire de l'agitation générale du peuple : enfin les plus mortelles exhalaiſons devoient ſortir de la lie nationale, remuée par des mains criminelles & téméraires.

Cet ouvrage contiendra le tableau des élémens conſtitutifs du gouvernement de la France, des conditions de la Société, des mœurs de la Cour, & de ceux qui ont gouverné.

Les vertus & le caractère ne ſont pas ſuſceptibles d'être prouvés démonſtrativement ; & la louange rend ſuſpect l'auteur qui la diſpenſe même avec la plus exacte juſtice. Je m'appuierai donc uniquement ſur les faits, pour louer ou juſtifier le Roi, la Reine & les Princes ; & je renoncerai à trouver des expreſſions propres à caractériſer les évènemens. La ſimplicité du ſtyle convient ſeule, lorſque l'expreſſion ne peut atteindre à la grandeur des objets. L'homme n'a qu'une meſure de ſenſibilité, & ſon langage qu'un degré d'énergie : ſon cœur eſt-il oppreſſé par le poids accablant d'un ſentiment profond, ſon imagination ravagée par des ſpectacles d'horreur multipliés, il déſeſpère d'y proportionner ſon langage ; & un geſte, un regard, un morne ſilence, lui tiennent lieu alors de paroles, & ſont plus expreſſifs.

Que celui qui tentera de peindre Louis XVI précipité d'un trône, que ſes pères ont occupé pendant neuf cents ans, marchant vers l'échafaud au milieu de ſix cent mille de ſes ſujets glacés par la crainte, ou énivrés de fureur.... Marie Antoinette, fille de vingt-quatre Empereurs, aſſiſe dans un tombereau les mains liées. .... que celui-là renonce à l'emploi des termes les plus énergiques ! Le plus ſimple récit ſera plus éloquent que toute la pompe oratoire ; qu'il n'omette aucune circonſtance, c'eſt le ſeul art qu'il doive employer, & il fera friſſoner.... on admire dans la Genèſe : *Dieu dit que la lumière ſe faſſe. & la lumière ſe fit*, parce que l'impuiſſance où l'homme ſe trouve pour décrire la création, est couverte par la simplicité du récit, qui donne en quelque sorte une idée de la toute-puissance, en ne faisant qu'un seul acte de la volonté & de l'exécution. L'amour de la vérité a seul dicté cet ouvrage ; & en suivant attentivement les révolutions que le Gouvernement a subies depuis son origine, le lecteur dégagé insensiblement des préjugés adoptés sans examen, ne verra pas sans surprise les Rois de France constans bienfaiteurs de leurs peuples, & tous les actes favorables à l'humanité, émanés de la puissance royale ; enfin cette surprise augmentera en voyant que les changemens survenus dans le Gouvernement ont tous été contraires aux privilèges de la Noblesse, dont le peuple a juré la ruine. Je suis bien éloigné de penser que le Gouvernement fût sans abus, mais ils n'étoient point assez nombreux & n'avoient point assez de force, pour détruire ou paralyser les principes inaltérables de prospérité que renfermoit ce puissant Empire.

DE L'ORIGINE
DU GOUVERNEMENT
DE LA FRANCE
ET DE SES PRINCIPES CONSTITUTIFS.

———————

LES Gouvernemens modernes se ressemblent tous en remontant à leur origine : un Roi & une Noblesse puissante formoient leurs élémens constitutifs, & la guerre étoit l'état habituel des peuples ; tous les François étoient libres & égaux par leur naissance, tous étoient militaires & susceptibles des grands emplois, & de la dignité *de leude ou de fidèle* qui leur étoit conférée par le Roi. La réception parmi les leudes consistoit dans le serment de fidélité qui étoit prêté au Roi, & auquel on n'étoit admis que lorsque l'on s'étoit distingué par quelque action d'éclat. Ces leudes formoient la véritable & seule Noblesse, & elle n'étoit que *personnelle*, comme dans les temps postérieurs la dignité de chevalier. Il n'est rien dans l'exposé de cette incontestable vérité, qui puisse blesser la Noblesse, qui met le plus de prix à se perdre dans la nuit des temps. Toute chose a eu son commencement ; & l'on ne peut supposer, qu'on soit né anciennement Gentilhomme, comme l'on naît blanc ou nègre. L'accès auprès de la personne du Roi réservé aux seuls leudes étoit la plus grande des distinctions, & le titre de convive du Roi une véritable dignité nationale ; il résulte de ce que je viens de dire, que la Noblesse émanoit du Roi, qui dans ces temps anciens étoit la source de toute grandeur, dignité & fortune. Les assemblées connues sous le nom de Champs-de-Mars, ou de Champs-de-Mai, étoient une fidelle image de celle des anciens Germains, & la Nation composée des hommes libres & des leudes exerçoit la puissance législatrice. Le Roi & la Nation assemblée divisèrent le Royaume en duchés & comtés, & voilà l'origine des grands vassaux. Les Francs, lors de la conquête, s'emparèrent des terres des Gaulois, & la Nation & le Roi en firent des distributions à titre de bénéfices qui étoient à vie : les Rois seuls disposèrent ensuite de ces bénéfices ; & comme ils avoient des domaines immenses formés des terres dont ils s'étoient emparés, ils distribuèrent au même titre de bénéfices ces domaines à la Noblesse, & s'appauvrirent de jour en jour par leurs libéralités. Ainsi les Rois ont à-la-fois conféré & la noblesse & la richesse aux compagnons de leurs victoires : c'est une erreur de croire que la noblesse ne fut accordée qu'à des Francs ou des Gaulois libres & que les anoblissemens ne remontent qu'à Philippe-le-Bel ; ils ont eu lieu dès le sixième siècle, &

vers 650 on voit élevé à la dignité de comte de Tours un *Leudaſte* affranchi, & dont une oreille coupée, pour s'être enfui de la maiſon de ſon maître, atteſtoit l'origine ſervile. Quel Noble de nos jours ne ſe trouveroit pas honoré de deſcendre d'un comte de Tours exiſtant au ſixième ſiècle! & cependant il deſcendroit d'un eſclave. Lorſqu'on ceſſa de convoquer les Champs-de-Mars, l'autorité des Rois s'accrut d'années en années, & ils furent dans peu en poſſeſſion de la puiſſance légiſlatrice. Les Grands, qui ſe perpétuèrent dans les emplois de Ducs & de Comtes, devinrent rivaux des Rois. La maiſon Capétienne poſſédoit le Duché de France à la fin de la ſeconde race, & l'éclat & la fortune dont elle jouiſſoit, la portèrent ſur le trône; c'eſt alors que fut établi véritablement le Gouvernement féodal, dont on trouve des exemples chez divers peuples & même dans l'Amérique. Ce Gouvernement qu'on traite de barbare, étoit fondé en raiſon dans des temps où il y avoit peu de numéraire; les propriétaires des terres intéreſſés à la défenſe de l'Etat & de leurs poſſeſſions, armoient leurs vaſſaux, & ſe mettoient à leur tête lorſque l'un ou l'autre étoient menacés: la hiérarchie étoit fondée ſur l'importance des poſſeſſions, qui rendoit les grands propriétaires chefs d'une multitude de vaſſaux, & la diviſion de l'armée d'Attila donne un exemple de cette autorité progreſſive. Le Clergé obtint des dons immenfes de la piété craintive, qui le mirent au rang des plus grands propriétaires, & la profonde ignorance & le fouvenir du rang éminent des prêtres chez les Germains, rendirent les eccléfiaftiques arbitres des plus grandes affaires. Sous les deux premières races la couronne étoit élective, & elle s'eft maintenue dans la maifon de Clovis & dans celle de Pepin-le-Bref, comme le fceptre impérial dans la maifon d'Autriche, par de fucceffives élections. Il eft cependant à préfumer que fous la feconde race la couronne n'étoit élective que parmi les defcendans de Pepin-le-Bref. La puiffance de la Nobleffe fut long-temps en rivalité avec celle des Rois, à qui l'affranchiffement des communes parut un moyen sûr d'abaiffer la Nobleffe, en lui oppofant des corps nombreux de citoyens. Ces motifs joints à des principes d'humanité, déterminèrent les Rois à l'abolition de la fervitude. Ils accordèrent des privilèges aux villes, & les Plébéiens commencèrent à former une partie du corps politique; l'autorité des Rois s'accrut par les fecours en troupes & les fubfides que fournirent les villes. La puiffance de la Nobleffe déclina à mefure que s'élevèrent de nouvelles familles, auxquelles le commerce & l'induftrie procurèrent des richeffes, qui les mirent dans peu au rang des Nobles par la poffeffion des fiefs; la richeffe, dans ces temps, formoit en quelque forte la Nobleffe, & la dénomination de *riches hommes* en France & de *ricco hombres* en Espagne, qui servoit à désigner les Grands, ne laisse aucun doute à cet égard. Des Etats-Généraux remplacèrent les Champs-de-Mars ; ils ne furent d'abord assemblés que pour étendre & affermir l'autorité du Roi, & le Tiers-Etat ne fut composé que des députés des seules villes de la Couronne, le Roi y conserva un grand ascendant, & la maxime, *qui veut le Roi si veut la Loi*, en est la preuve. Le concert qui régna dans les trois ordres sous le Roi Jean, donna aux Etats des moyens de fixer des limites à l'autorité royale ; mais ces Etats même reconnurent qu'au Roi seul appartenoit le *droit de faire des Lois*. Les Parlemens, originairement institués pour rendre la justice au nom du Roi, étoient composés des vassaux immédiats de la Couronne. Ils suivoient le Roi à la guerre & dans les voyages. A l'avènement de Hugues Capet, duc de France, à la Couronne, il opéra un grand changement, qui fut d'admettre dans les Parlemens, les Barons de son duché conjointement avec les vassaux immédiats de la Couronne.

La Noblesse, par les concessions des Rois, avoit acquis des dignités qui donnoient aux principaux de cet Ordre les rapports de puissance, qui existent de nos jours entre les Electeurs, les Princes souverains d'Allemagne, & le chef de l'Empire. Elle perdit de jour en jour une partie du pouvoir dont les grands vaffaux avoient fouvent abufé, & la réunion des grands fiefs fous Louis XI fit entière-ment difparoître les rivalités, qui avoient fait cou-ler tant de fang pendant plufieurs fiècles. Cette rivalité de quelques puiffans vaffaux, fondée fur une longue poffeffion de la plupart des droits royaux, fe concilioit avec le plus profond refpect pour la Royauté ; & la Nobleffe voyoit toujours dans le Roi la fource de tout pouvoir, & mettoit fa gloire & fon honneur à défendre fon trône & fa perfonne. Ces fentimens étoient depuis deux mille ans em-preints dans fon cœur, & remontoient aux temps où les Francs habitoient les forêts de la Germanie. Les grands vaffaux, dont la puiffance égaloit pref-que celle des Rois, fe foumettoient aux jugemens de la cour des pairs, & ils ne réclamèrent point contre la dénomination de *fubditi*, fujets, que leur donnoient les rois. Les Nobles étoient en général fidèles au Roi comme à leur chef, & les vaffaux immédiats de la Couronne lui étoient encore par-ticulièrement dévoués comme à leur fuzerain. Les grands fiefs ayant été réunis à la Couronne, la haute Nobleffe perdit de jour en jour une partie de fes prérogatives, & finit par ne conferver que celle de former effentiellement la Cour du Roi, & d'en remplir les premiers emplois. Le Clergé feul continua à jouir du droit de s'affembler & d'offrir aux Rois des dons gratuits, dont l'origine remonte aux premières assemblées appelées *Champs-de-Mars*, & même à celles des anciens Germains, dans lesquelles le Clergé & les hommes libres, qui les composoient, offroient aux Rois des présens volontaires d'armes, de chevaux, &c. &c., qui se changèrent ensuite en tributs.

Cet exposé sommaire fait voir que la Noblesse doit originairement aux Rois son rang & sa fortune, & que l'immense multitude dont est composé le reste du royaume, leur doit la liberté & son existence politique.

En suivant atentivement la marche des choses, on voit à travers toutes les vicissitudes qu'a subies le Gouvernement, régner le même esprit & les mêmes principes. Le Clergé & la Noblesse dans les anciens temps forment des ordres distincts, les principaux de la Noblesse composent essentiellement la cour des Rois ; & les Plébéiens, par le service militaire ou la possession des fiefs, parviennent au rang des Nobles. Tel a été encore jusqu'à la révolution actuel le tableau que présentoit le Gouvernement. Le Clergé & la Noblesse étoient les premiers ordres de l'Etat ; & la possession de certaines charges, ou des lettres du Prince, faisoient-jouir des privilèges de la Noblesse, & élevoient souvent les descendans de ces annoblis, en quatre ou cinq générations, aux premières dignités de l'Etat.

Il n'y avoit point en France de constitution dans

le fens rigoureux où ce mot eft entendu, c'eft-à-
dire, qu'il n'y avoit point d'acte paffé entre le
Souverain & les peuples, qui fixât invariablement
la puiffance de l'un & les droits des autres. Mais
les réglemens faits par les Etats-Généraux, les principes & les maximes adoptés par ces affemblées,
& le recueil des Lois enregiftrées dans les Parlemens en tenoient lieu, & le droit de remontrance
étoit un frein à l'autorité arbitraire. Le profond
refpect pour la plus illuftre des races royales, le
fouvenir de l'antique fplendeur de la Nobleffe, le
fentiment qu'on appelle honneur, les mœurs na-
tionales, d'antiques traditions, les privilèges accordés à diverfes claffes de citoyens, formoient un
fyftême de Gouvernement afforti au génie François.

Je ne puis m'empêcher de citer, à propos du
Gouvernement François, un paffage de J.-J. Rouffeau
qui eft bien remarquable, lorfqu'on fonge que c'eft
dans les ouvrages de cet écrivain que les plus violens
ennemis de la Monarchie ont cherché des maximes
& des principes, dont ils ont forcé l'application
pour l'appui de leur fyftême. J.-J. Rouffeau s'exprime ainfi (dans la Polyfinodie) « quand tous
» les avantages d'un nouveau plan feroient incon-
» teftables, quel homme de fens oferoit changer les
» vieilles maximes, tenter d'abolir les vieilles cou-
» tumes, & donner une autre forme à l'Etat (en
» France) que celle où l'a fucceffivement amené

» une durée de treize cents ans ? que le Gouverne-
» ment actuel foit encore le même, ou que durant
» tant de fiècles il ait infenfiblement changé de na-
» ture, il eft également imprudent d'y toucher ; fi
» c'eft le même, il faut le refpecter ; s'il a dégé-
» néré, c'eft par la force du temps & des chofes,
» & la fageffe humaine n'y peut rien »,

Le Roi prétendoit avoir feul, & fans concours
d'aucune volonté, la puiffance légiflatrice ; & c'eft
ainfi que s'expliqua Louis XV dans un lit de Juftice
en 1770 ; le préfident Haynault, dans fon Hiftoire
de France, a foutenu la même opinion. « Comme
» nous ne reconnoiffons, dit-il, d'autre Souverain
» que le Roi, c'eft fon autorité qui fait les Lois ;
» ainfi les Etats-Généraux du Royaume n'ont que
» la voie de la remontrance & des très-humbles
» fupplications ». Les faits font favorables à ce fentiment, mais il fut fouvent combattu par les Parlemens. Et comme les peuples avoient l'habitude de
voir dans les Parlemens des corps affociés à la légiflation, le Roi ne pouvoit dans la réalité lever
d'impôts fur fes fujets, fans la formalité d'un *libre
enregiftrement*. Cet obftacle étoit le plus puiffant qui
pût être oppofé à l'autorité arbitraire ; & il étoit
tel que le Roi étoit embarraffé après une longue
guerre, de propofer la continuation d'un vingtième
néceffaire à l'acquittement des dettes contractées
pour la foutenir. Je fuis convenu que dans un fens
rigoureux,

rigoureux, il n'y avoit point, à proprement parler, de Conſtitution (1), c'eſt-à-dire, de charte limitative des divers pouvoirs; mais aucune queſtion intéreſſante ne pouvoit dans le fait être élevée, ſans qu'il fût facile de la réſoudre en parcourant les réglemens rendus ſous divers règnes. S'agiſſoit-il de l'impôt depuis plus de deux ſiècles; les Parlemens étoient en poſſeſſion d'en examiner la néceſſité & les inconvéniens; & ſi un lit de Juſtice, dernier recours de l'autorité, forçoit les Parlemens à enregiſtrer un impôt, le morne ſilence des Magiſtrats violentés & les murmures du Peuple avertiſſoient le Monarque de l'abus qu'il faiſoit de ſon pouvoir. Enfin les Peuples ſe refuſoient à acquitter des charges qui n'étoient pas établies avec le libre concours des Magiſtrats, & le Roi ſouvent fut obligé de retirer ſes édits. S'agiſſoit - il de la liberté des Citoyens; perſonne n'ignoroit que le Roi n'étoit point en droit d'en diſpoſer arbitrairement; &

_____

(1) Pluſieurs recueils publiés en 1629, contenoient les principes du Gouvernement; & dans le code Marilla ſe trouvent les plus célèbres ordonnances, & celles rendues à la demande des Etats - Généraux de 1614. Les ordonnances & divers déciſions, rendues en différentes circonſtances, jointes aux mœurs & aux coutumes, formoient une véritable Conſtitution.

B

l'ufage abufif qu'on a fait de l'autorité à cet égard,
a eu originairement pour principe, de pourvoir
dans des temps de troubles d'une manière prompte
à la sûreté publique. C'est ainfi qu'en Angleterre,
la loi d'*habeas corpus* a été, dans ce fiècle, & même
tout récemment, fufpendue. Le Roi a été invefti
d'une véritable dictature, feul moyen d'affurer la
chofe publique, lorfque l'urgence des circonftances
exige l'unité d'action & la célérité. Les Rois ont
ufé de l'arme dangereufe de l'autorité arbitraire,
particulierement dans les fiècles où la puiffance
des grands vaffaux luttoit contre la puiffance royale,
comme pendant le règne de Louis XI. Je fuis bien
éloigné de juftifier ce Monarque, dont les yeux
aimoient à fe repaître de fanglans fpectacles, dont
les oreilles étoient agréablement flattées des cris
de fes victimes. Mais je dirai avec vérité que ce
n'eft point contre le Peuple que ce Prince a exercé
fes cruautés, mais contre les Grands, qu'il a fini
par foumettre. Les barbares exécutions, qu'il a
ordonnées avec volupté, ont été au contraire favorables aux Peuples, en les affranchiffant de l'oppreffion d'une multitude de tyrans, & étouffant
le germe de guerres multipliées qui défoloient les
villes & les campagnes. Les Rois ont ufé de l'autorité arbitraire, lorfque l'ambition des Grands,
jointe au fanatifme religieux, a excité des troubles

dans le Royaume, comme fous les derniers Valois, lorfque tous les ordres de l'Etat abufoient également de leur autorité & de leurs moyens. C'eft princi-palement le combat de diverfes autorités, qui a excité les Rois à outrepaffer les bornes de leur pouvoir ; & c'eft moins pour fervir leurs paffions, que pour le maintien d'opinions religieufes, qui, par l'effet d'une aveugle fuperftition, difpofoient les efprits à la barbarie. Les Prêtres, dans le der-nier fiècle, ont égaré Louis XIV, & l'ont engagé à des actes auffi impolitiques que rigoureux & in-juftes contre les proteftans. Les Prêtres ont, dans le fiècle actuel, également excité l'autorité contre les janféniftes ; en forte que l'on peut dire que c'eft le Roi *très-Chrétien* qui a été impolitique & injufte, plus que le Roi confidéré abftraction faite de la religion. Ce n'eft pas pour régner defpotiquement que Louis XIV & Louis XV ont exilé, ont fait emprifonner une multitude de Citoyens, mais pour feconder le zèle intolérant du Clergé. Depuis trente années, les progrès de la philofophie avoient inf-piré une tolérance religieufe, qui avoit défarmé l'autorité ; & le haut Clergé, plus inftruit, plus éclairé, avoit adopté des maximes plus humaines. Sans crainte des Grands, qui n'étoient plus que des courtifans, & dégagés du fanatifme, les Rois n'avoient aucun intérêt à entreprendre contre la liberté des Citoyens ; ils font trop au - deſſus des autres hommes , pour haïr & perſécuter par un ſentiment qui leur ſoit propre. Auguſte , devenu Empereur , ceſſa d'être cruel ; & Louis XIV ne l'a jamais été.

La puiſſance exécutrice étoit ſans nulle oppoſition entre les mains du Roi , & la puiſſance judiciaire , dont il étoit la ſource , étoit exercée par les Parlemens & les autres cours ſouveraines. Quelquefois les Rois ont porté atteinte à cet exercice, ſoit par l'établiſſement de commiſſions, ſoit par des évocations au conſeil ; mais ces actes d'autorité étoient rares, & il n'en eſt qu'un ſeul exemple ſous le règne de Louis XV , qui eſt celui de la commiſſion établie en Bretagne , pour le jugement de M. de la Chalotais.

Si l'on eſt embarraſſé de définir un tel Gouvernement , je dirai qu'il eſt purement *Monarchique*, & que ce Gouvernement renfermoit , comme toute faculté phyſique , les moyens d'uſer & d'abuſer. En conſidérant attentivement les divers régimes politiques , on ne trouve au fond que deux ſortes de Gouvernemens : la Monarchie & la République ; les Monarchies mixtes ou tempérées , ne ſont au fond que des modifications du régime Républicain. Lorſque le Peuple s'aſſemble , délibère , décide , ſoit par lui-même , ſoit par les repréſentans qu'il a choifis , le Gouvernement , quelle que foit fa dénomination , eft Républicain. L'Angleterre eft au rang des Monarchies , & le Roi d'Angleterre ne jouit pas , tout bien confidéré , d'une puiffance égale à celle des confuls à Rome , où le Peuple n'étoit pas habituellement en défiance de l'autorité , comme le Peuple Anglois , qui eft fans ceffe occupé à réparer & à fortifier les digues qui la contiennent.

On contefte au Peuple Anglois d'être libre ; & un écrivain célèbre , J.-J. Rouffeau , prétend qu'il n'eft véritablement en poffeffion de la liberté qu'au moment des élections. On peut dire , par la même raifon , que le Roi d'Angleterre n'a de puiffance réelle , qu'au moment où il refufe de confentir à un bill.

Mais à moins de fuppofer la pleine & entière démocratie , où le Peuple eft toujours en action , un tel fyftême eft outré , & il en réfulteroit que toute délégation de pouvoir eft un abandon de la liberté. Le Gouvernement Anglois a fans doute des imperfections , comme tous les ouvrages des hommes. La repréfentation eft dans quelques provinces infuffifante , & dans d'autres fupérieure à ce qu'elle doit être , parce que la population & l'induftrie ont fait de grands progrès dans quelques parties , & font diminuées dans d'autres , depuis la fixation du nombre des Députés. La taxe des pauvres eft énorme, puifqu'elle s'élève à *cinquante-cinq millions* tournois, & fes produits font mal adminiftrés. La durée des Parlemens paroît à plufieurs devoir être reftreinte, afin de ne pas laiffer aux Miniftres le temps d'acquérir un trop grand afcendant fur les Membres des Communes. Les Lois civiles font compliquées, & ouvrent la voie à une multitude de chicanes. Enfin la dette eft immenfe en Angleterre, & furpaffoit celle de la France avant la Révolution. Tels font les abus qu'on reproche au Gouvernement Anglois. Mais malheur à qui ofera toucher inconfidérement à cet affemblage heureux de parties, qui fe balancent par une merveilleufe action & réaction de pouvoirs divers ! Quel eft l'homme qui, après avoir parcouru l'Europe, n'eft pas faifi d'un fentiment de furprife & d'admiration lorfqu'il arrive en Angleterre ? Les campagnes offrent la plus floriffante culture, & les plus médiocres villages renferment des maifons, qui ne le cèdent pas à la plupart de celles de la capitale. Les routes font remplies de voitures & d'hommes à cheval, qui tous préfentent l'image de la richeffe ou de l'aifance. La Tamife eft couverte de navires, l'induftrie eft par-tout animée, la circulation rapide des métaux ou des papiers de banque folde à chaque inftant, & multiplie les

travaux ; l'or enfin eſt plus commun à Londres
que ne le ſont, dans les villes d'Allemagne, les
pièces inférieures de monnoie. Chaque Citoyen vit
dans la ſécurité la plus profonde, & ſe croit avec
raiſon une partie active de la machine du Gouvernement. Les Grands honorés du Peuple ne peuvent
jamais l'opprimer ; les Miniſtres ont une grande
influence & point d'autorité. Le Roi, chef de
l'Egliſe, de la Juſtice & des Armées, ſource fé-
conde des honneurs & des dignités, reſpecté &
jamais redouté, eſt un des trois élémens néceſſaires à la formation des Lois, & jouit de la plénitude de la puiſſance exécutrice.

Enfin l'intérêt perſonnel obligé de ſe couvrir,
dans le Parlement, du maſque du patriotiſme, ne
peut arriver à ſon but qu'en ſervant pendant un
temps avec éclat la choſe publique. Le rôle que
joue dans l'Europe la Nation Angloiſe, dépoſe en
faveur de ſa Conſtitution. Elle a lutté à la fois contre
les plus grandes puiſſances de l'Europe & contre
ſes propres Sujets ; & une Nation, qui ne compte
que dix millions de Sujets, s'eſt miſe au rang des
premières Puiſſances, & fait, par ſa ſeule intervention, pencher la balance vers le parti qu'elle
embraſſe.

Quels que ſoient les reſſorts d'un Gouvernement, c'eſt d'après l'état heureux ou malheureux

B 4

des Peuples qu'il faut juger de fa bonté, & non d'après les diftinctions d'un efprit fubtil, ou le modèle idéal qu'on fe propofe, ou enfin d'après les exemples des anciens Peuples & des temps dont on ne peut fe former une jufte idée.

Si l'on contefte au Peuple Anglois fa liberté, le Gouvernement François, tel que je l'ai dépeint, offrira un véritable defpotifme à la plupart des hommes peu inftruits du jeu des divers refforts de ce Gouvernement. Mais pour détruire cette opinion, je laifferai les raifonnemens dans lefquels s'égare la fubtilité, & je répondrai par le fait, comme ce philofophe, à qui l'on nioit le mouvement, & qui, pour toute réponfe, fe mit à marcher. Je me bornerai donc à dire : fi le defpotifme exiftoit en France, il a dû y produire les effets qui en réfultent néceffairement. Des campagnes en friche, les villes dépeuplées, les manufactures languiffantes, le commerce arrêté dans fon cours, l'induftrie opprimée & découragée, une défiance générale qui fait enfouir les métaux & élève l'intérêt à un prix exceffif : tels font les fymptômes néceffaires & conftans du defpotifme. Eft-ce là le tableau que préfentoit la France depuis deux fiècles ? On voit au contraire dans ce Royaume l'induftrie puiffamment animée, & le commerce devenir de jour en jour plus floriffant. Les ports de Nantes, de Marfeille, de Bordeaux, de Rouen, se rempliffent de Navires, l'Océan eft joint à la Méditerranée , & les tréfors des deux mondes refluent dans toutes les provinces du Royaume ; & la ville de Lyon , centre de l'induf-trie nationale, affujettit à nos modes trois parties du monde. Enfin dans les plus petites villes, des maifons plus commodes & plus ornées, fubftituées aux anciennes, atteftoient l'aifance des habitans des dernières claffes de la fociété. Depuis un demi-fiècle de nouvelles routes avoient été ouvertes dans toutes les provinces , & la population s'accroiffoit d'années en années. La liberté peut-elle avoir de plus falutaires influences ? & l'Etat, que je viens de décrire, peut-il être l'effet du defpotifme, dé-vaftateur par effence ? La néceffité de tranfmettre aux Agens du Gouvernement un grand pouvoir, dont ils peuvent abufer ; eft un des traits caracté-riftiques du defpotifme. Le Sultan confie au Pacha l'autorité illimitée , dont il peut accabler les peu-ples, & de proche en proche tous ceux qui dé-pendent de ce principal officier, font inveftis d'un pouvoir dont ils abufent. En France aucun prépofé du Gouvernement dans les provinces , ne pouvoit étendre fon autorité , & en faire un ufage op-preffif. La clameur publique , les repréfentations des Parlemens , les réclamations des villes auroient bientôt dénoncé des actes d'autorité arbitraire , &

une prompte difgrace en auroit été la jufte punition.

Dans les Etats defpotiques, les efprits font abbattus, & la langue eft captive. L'indifcrétion des difcours fembloit être en France un trait caractériftique de la Nation ; les Princes, les Miniftres étoient l'objet de la fatyre ; & le François exhaloit, dans de piquans vaudevilles, fon humeur contre les Grands, & verfoit le ridicule fur les opérations du Gouvernement.

La divifion des pouvoirs s'oppofoit en France aux abus de l'autorité ; les Parlemens contenoient dans fes bornes la puiffance militaire ; les Intendans furveilloient attentivement l'emploi de la puiffance judiciaire, & s'oppofoient à fes entreprifes fur l'autorité de l'adminiftration. C'eft peu-à-peu, c'eft après avoir, dans les temps de trouble, réuni fouvent tous les pouvoirs dans les mêmes mains que s'étoit formée cette divifion de pouvoirs & d'influence, d'où réfultoit un heureux équilibre. La haute Nobleffe ayant été peu-à-peu foumife, fes privilèges fe font perdus dans l'Océan de la Royauté, & il ne lui eft refté que celui d'approcher de la perfonne du Roi. Cette grande & antique lutte de la Nobleffe a été terminée violemment par Richelieu. Son nom eft devenu odieux au Peuple, & cependant c'eft à lui qu'il doit d'être délivré d'une foule de tyrans. Les Parlemens alors ont été le feul contrepoids de l'autorité adoucie de jour en jour par l'abfence de toute contrariété. Un règne célèbre a donné enfuite le plus grand luftre à la Majefté royale & à la France, confondues dans la perfonne du Monarque. Sous Louis XIV, les mœurs de la Nation femblent n'être que celles du Prince ; l'amour de la gloire, la galanterie, la magnificence, le goût des fpectacles, la création en quelque forte du Commerce, celle de la Marine, les plus grands élans de l'induftrie fignalèrent ce règne. Alors la fcience du Gouvernement étoit un myftère dévoilé feulement aux initiés ; le Roi étoit une idole encenfée de tous. Les requêtes des victimes de l'autorité n'étoient remplies que du regret d'avoir déplu au Souverain, qu'on s'efforçoit de peindre comme plus fenfible que la captivité même. Le Monarque repréfentoit la Nation, & elle ne pouvoit être plus dignement repréfentée. Dans ce temps & fous le règne de Louis XV, il n'étoit queftion ni du Peuple, ni de la Nation. On difoit les *revenus* du Roi, les *troupes* du Roi, les *fujets* du Roi, la *gloire* du Roi ; & le Monarque difoit : mes *villes*, mes *provinces*, mes *peuples*. Mais au milieu de cette foumiffion générale, il exiftoit dans les ames un fentiment d'honneur, qui tenoit lieu de vertus à la plupart. L'enthoufiafme pour la perfonne du Roi animoit la Noblefie & les troupes, & entretenoit dans les

cœurs un dévouement héroïque pour la chofe publique, qu'on ne féparoit jamais de la perfonne
du Monarque. L'efprit, il eft vrai, avoit fous ce
règne moins de hardieffe dans fes élans ; il n'ofoit
tenter de pénétrer dans les inacceffibles profondeurs
de la métaphyfique, & remonter aux premiers principes du Gouvernement. Mais l'éloquence, la poéfie,
les arts fervoient d'aliment à l'efprit, & rendront à
jamais cette époque éclatante.

J'ajouterai à ce que je viens de dire à ce fujet,
que J.-J. Rouffeau, qu'on ne foupçonnera pas d'être
fauteur du defpotifme, ou un vil flatteur, s'exprime d'une manière conforme à mon fentiment,
dans le difcours fur l'inégalité des conditions. Ce
fyftême odieux, dit-il, en parlant de la tyrannie,
eft bien éloigné d'être, même aujourd'hui, celui des
bons & fages Monarques, & fur-tout des Rois de
France, comme on peut le voir en différens en-
droits de leurs édits, & en particulier dans le paffage fuivant, d'un écrit célèbre, publié en 1667,
au nom & par les ordres de Louis XIV.

« Qu'on ne dife donc point que le Souverain
» ne foit pas fujet aux Loïs de fon Etat, puifque
» la propofition contraire eft une vérité du droit
» des gens, que la flatterie a quelquefois atta-
» quée, mais que les bons Princes ont toujours
» défendue comme une divinité tutélaire de leurs

» Etats. Combien eſt-il plus légitime de dire avec
» le ſage Platon, que la parfaite félicité d'un
» Royaume, eſt qu'un Prince ſoit obéi de ſes
» Sujets, que le Prince obéiſſe à la Loi, & que
» la Loi ſoit toujours dirigée au bien public ».

Dans quel temps Louis XIV tenoit-il ce langage digne des Marc-Aurèle & des Antonin ? C'étoit
dans la plus brillante époque de ſon règne, dans
un temps où les hommages des courtiſans enivrés
de ſa perſonne, & les beaux eſprits, comblés de
ſes bienfaits, faiſoient retentir l'Europe de ſes éloges;
où ce Monarque, environné des plus célèbres
Généraux, ſervi par des Miniſtres habiles & deſ-
potes par principes & par intérêt, ne voyoit rien
qui pût *balancer ſa puiſſance.*

DES MŒURS DE LA COUR,

SOUS LOUIS XV ET LOUIS XVI.

LES mœurs de la Cour, après la Régence, se ressentirent long-temps de la licence, dont le Duc d'Orléans & la Duchesse de Berri avoient donné l'exemple. Le palais de la Reine la plus vertueuse étoit composé de femmes également célèbres par leur beauté, leur esprit, & une galanterie portée par plusieurs jusqu'au déréglement. Le Roi jeune & d'une figure aussi belle que majestueuse, étoit peut-être le seul homme de sa Cour, qui fût sans intrigue amoureuse, & pendant vingt ans il n'eut d'attachement que pour la Reine. Les mœurs semblèrent s'épurer à mesure que la génération, qui avoit vécu sous la Régence, vint à s'éteindre ; & lorsque le Roi eut des maîtresses, lorsqu'il se livra aux plaisirs de l'amour, les femmes de la Cour étoient plus réservées, & les mœurs, au moins en apparence, plus décentes. La Reine étoit dévote ; le Dauphin & la Dauphine avoient les mêmes sentimens de piété, fortifiés de l'esprit de parti. Madame de Pompadour, quelques années avant sa mort, ne scandalisoit plus que par sa présence à la Cour. On savoit que le Roi se livroit en secret à des goûts obscurs & passagers, & qu'elle étoit plus son amie que sa maîtresse. Madame de Pompadour, afin de ne laisser aucun doute à cet égard, & d'avoir un titre pour demeurer à la Cour, proposa au Roi de lui donner une place de Dame du Palais. C'étoit dans le fait ajouter l'impudence au scandale, que de forcer la Reine à recevoir pour Dame de son Palais, une femme qui n'étoit venue à la Cour que pour lui enlever ouvertement le cœur du Roi, une bourgeoise, dont le mari occupoit à Paris une place de finance. La Reine n'osa pas refuser le Roi ; & Madame de Pompadour, Dame du Palais, se crut une femme de la Cour, respectable par sa conduite, & utile au Roi par ses conseils. Après la mort de Madame de Pompadour, après celle de la Reine, du Dauphin, de la Dauphine, le Roi éleva une courtisanne au rang des la Valière & des Montespan. Le nouveau Dauphin & sa femme, Marie-Antoinette d'Autriche, étoient trop jeunes pour servir de contrepoids à la licence, qui caractérisa le règne de la Comtesse Dubarry, & la Cour de Louis XV, auroit alors présenté l'image de celle du Régent, si l'esprit & la gaieté eussent été joints au déréglement. Louis XV mourut, & la face de la Cour, sous Louis XVI, changea. Le nouveau Roi annonçoit des mœurs austères, la haine de la dépense, & les difpofitions les plus favorables pour le Peuple. Ce caractère, fa jeuneffe, & la laffitude du règne précédent, excitèrent l'enthoufiafme des Peuples pour le Roi; & les grâces de la Reine, l'élégance répandue fur toute fa perfonne, infpirèrent pour elle les mêmes fentimens. Des plaifirs bruyans fignalèrent les premières années de fon règne; enfuite elle parut préférer les douceurs de la vie privée à l'éclat de la repréfentation, & chercher dans l'amitié, des fentimens plus vrais, que ceux que les courtifans s'efforcent d'exprimer par leurs empreffemens. Le goût d'une vie privée apporta du changement dans la vie habituelle de la Cour, & la repréfentation fouveraine ne fe montra plus dans fon éclat qu'un ou deux jours de la femaine.

La Cour du Roi, de la Reine, & celle des Princes, offroient l'image de Sociétés particulières; ils fe réuniffoient fouvent pour vivre en famille. Les Princes n'avoient aucune participation aux affaires, ils n'entroient point au Confeil; ils n'ont contribué directement au choix d'aucun Miniftre, déterminé aucune opération. On doit auffi rendre cet hommage à la vérité, qu'ils n'ont jamais ufé de l'afcendant de leur rang & de leurs accès auprès du Trône contre perfonne; qu'on ne peut leur imputer aucun acte tyrannique, ni d'avoir prêté leur appui à l'injuftice. Les revenus, qui leur

étoient

étoient fixés par l'Etat, étoient confidérables, mais une repréfentation prefque royale les abforboit. Cette magnificence onéreufe à l'Etat fut établie par les Miniftres de Louis XV, qui fuivirent d'antiques ufages, que le temps ne comportoit plus, & que l'intérêt perfonnel engagea à multiplier les charges, dont une partie fut vendue à leur profit. Les Princes contractèrent des dettes; & l'homme équitable conviendra qu'il étoit difficile dans un rang, où tout fembloit permis, dans un âge où tous les goûts, toutes les paffions affiégent l'ame & l'efprit, de confulter toujours la plus févère économie.

Le Parlement d'Angleterre a payé plufieurs fois les dettes des Princes de Galles. Les Polonois ont acquitté celles de leur Roi qui n'eft qu'électif; & les frères du Roi de France ont pu fe flatter du même efpoir. Enfin ces dettes, réunies à toutes les dépenfes extraordinaires de la Cour, formoient un bien foible objet dans un enfemble de près de cinq milliards de dettes. La Cour fous Louis XVI n'avoit plus le même afcendant fur la ville, autrefois aveugle imitatrice du ton & des manières de la Cour. Les Miniftres, au lieu d'en impofer à la capitale, avoient la plus grande déférence pour les opinions qui régnoient dans les fociétés dominantes, arbitres fuprêmes des réputations; & les Gens-de-lettres avoient fur ces fociétés un afcendant marqué pour la plupart des objets relatifs

C

au Gouvernement. L'indifférence & la légèreté du Comte de Maurepas avoient laissé un libre cours à tous les systêmes & aux écrits. Ce Ministre n'avoit jamais eu de suite ni de fermeté dans le caractère; & l'âge qui renforce les défauts, comme il creuse les rides sur la peau, l'avoit rendu encore plus foible & plus mobile. Il n'étoit plus temps après sa mort de revenir sur ses pas, & les Ministres ne pouvoient circonscrire dans de justes limites les idées de liberté, auxquelles il avoit laissé prendre l'essor. Il auroit fallu à un Ministre le génie, qui fait juger son siècle & démêler sa marche; il auroit fallu une force de caractère propre à lutter contre des idées dominantes, & un pouvoir, dont le seul Cardinal de Brienne fut si mal à propos investi. Le Roi étoit, par ses sentimens, porté vers l'économie, & n'avoit aucun des goûts qui s'y opposent. La Reine influoit sur les grâces, & non sur le Gouvernement. Les Ministres n'avoient point de systême fixe. L'ignorance & l'inapplication multiplioient les dépenses par les mauvaises opérations dans la partie des finances, & les frais excessifs du service. Le Gouvernement n'étoit point libéral, & la Cour n'étoit pas imposante, comme celle de Louis XIV, où tous les personnages étoient perpétuellement en scène; ce n'étoit point celle de Louis XV, où la Majesté royale croyoit pouvoir absorber dans son éclat le vice & le scandale. La

Cour de Louis XVI préfentoit , pendant fix jours de la femaine , l'image d'une famille réunie par l'affection , ou d'une fociété privée. Elle devenoit un jour ou deux plus nombreufe & plus impofante ; mais il étoit facile de voir que la repréfentation étoit une tâche pénible , qu'on s'empreffoit d'abréger. Il faut , pour achever ce tableau , y joindre la peinture des mœurs des courtifans ; ils reffemblent , dans toutes les Cours , au portrait qu'en a tracé Montefquieu.

« L'ambition dans l'oifiveté , la baffeffe dans l'or-
» gueil , le defir de s'enrichir fans travail , l'averfion
» pour la vérité , le mépris des devoirs du Citoyen ,
» la crainte de la vertu du Prince , l'efpérance de fes
» foibleffes , forment , dit ce grand - homme , le ca-
» ractère du plus grand nombre de courtifans ». Ceux de Louis XVI offrent quelques nuances diftinctives. Le cours des opinions , l'afcendant des richeffes & la diminution de l'éclat de la repréfentation , rendoient moins précieux & moins impofant l'accès auprès du Prince. Les courtifans étoient moins flatteurs , fans être plus vertueux ; on confidéroit moins dans les places , les diftinctions honorifiques que les avantages pécuniaires. L'ancien fafte extérieur , qui caractérifoit les Grands , n'exiftoit plus. Les perfonnes les plus opulentes avoient des habits fimples & peu coûteux. La plupart de ceux , que leur naiffance appelloit à la Cour , fe bornoient à s'y montrer une fois

la femaine, pendant quelques heures, & s'empref-
foient de retourner à la ville, où ils briguoient les
fuffrages des Sociétés, qui donnoient le ton. La
multiplication des richeffes a été extrême fous ce
règne ; & leur force toute puiffante a rompu
toutes les barrières, éteint l'éclat des diftinctions.
La Cour étoit économe par befoin ; & quand
elle eût été prodigue, elle n'auroit pu fatisfaire à
l'avidité, excitée par des fortunes rapides & exceffives de la ville. Il auroit fallu, dans ceux qui
gouvernoient, beaucoup de fagacité pour démêler
le changement des mœurs & fa caufe, & beaucoup
d'art pour renforcer le prix des diftinctions honorifiques. Le fafte extérieur, qui fervoit à différen-
cier les claffes, fupprimé, que reftoit-il pour faire
eftimer un emploi, un rang, une décoration, à
l'égal des jouiffances de la richeffe ? Dans les temps
où chacun étoit attentif à conferver les diftinctions
de fon état, la richeffe n'avoit pas autant d'empire ; elle ne pouvoit ufurper certains attributs : les
Grands avoient des pages, des gentils - hommes,
des livrées éclatantes, & chaque condition avoit
quelque chofe de diftinctif, envié des conditions
inférieures. Quand toutes les conditions ont été
extérieurement au même niveau, quand la Cour
a ceffé de maintenir la hiérarchie, & qu'elle a
renoncé elle-même à l'éclat extérieur, elle a ceffé
d'avoir des moyens de dominer. Quand elle n'a

plus influé fur la vanité , pour laquelle il eft des
hochets fans nombre , il a fallu tout tirer du Tréfor
royal , & les fonds d'un tréfor ne font pas inépui-
fables. Il n'y avoit plus à la Cour autant de poli-
teffe dans les manières & les difcours , depuis la
fin du règne de Louis XV , fans qu'il y eût plus
de franchife dans les ames ; cette galanterie , qui
naît d'une perpétuelle envie de plaire , n'exiftoit
plus. Les femmes avoient des arrangemens qui ,
par leur durée & le calme de la poffeffion , étoient
équivalens à des mariages , mais les aventures fcan-
daleufes étoient rares. Les Juvénals du temps n'auroient pas trouvé dans la Cour de Louis XVI autant
de matière à leurs énergiques déclamations , que
dans les règnes précédens.

DU ROI ET DE LA REINE,

QUELQU'UN a dit , ce qui me dégoute de lire l'hiftoire , c'eft de fonger , que ce que j'entends dire aujourd'hui , fera un jour l'hiftoire. Cette réflexion fe préfente à toute perfonne que fa pofition & fes relations ont mife à portée de voir de près les Princes & les gens en place , & de connoître les principes & la marche des évènemens , à tous ceux qu'un efprit jufte & modéré a préfervés d'une aveugle prévention.

Qui peut affurer, que la poftérité n'adoptera pas une partie des atroces imputations faites à la Reine , & confignées dans mille affreux libelles. J'ai parcouru l'Europe , & les étrangers qui font une efpèce de poftérité , ne peuvent renoncer entièrement à l'idée que la Reine a été en relation avec Madame la Motte , avec une femme fans éducation, fans aucun moyen d'intéreffer , & dont le langage & les manières étoient conformes à la baffeffe & à la mifère , compagnes de fes premières années ; avec Madame la Motte , à qui l'amour feul du merveilleux, aidé de quelques circonftances fpécieufes, a fait attribuer une royale origine , dont l'authenticité lui auroit attiré d'autres bienfaits , que celui d'une

chétive penfion de *huit cents* livres. Les étrangers
ne peuvent croire que la Reine n'ait pas eu recours
au Cardinal de Rohan pour l'acquifition du trop
fameux Collier. C'eft en vain que la raifon s'em-
preffe de leur dire, que la fable, qu'on a inventée,
eft abfurde ; qu'on n'achète pas une parure éclatante pour l'enfevelir dans une caffette, & que la
Reine prévenue contre le Cardinal, à qui elle ne
parloit pas depuis plufieurs années, ne fe feroit
pas adreffée, pour fe procurer des fonds, à ce
Prélat, dont le dérangement étoit connu ; qu'en
lui fuppofant le defir de faire cette acquifition, un
mot de fa part au Banquier de la Cour, ou à d'autres
financiers opulens, auroit dans quelques heures mis
le Collier entre fes mains ; qu'un moyen fi fimple
& fi prompt étoit certainement préférable à celui
de recourir à un homme qu'elle haïffoit, à un moyen
enfin, qui multiplioit les intrigues & les négociations, & néceffitoit l'entremife de la plus vile aven-
turière. C'eft un problême de favoir fi la calomnie
trouve plus d'appui dans la malignité naturelle à
l'homme, que dans fon amour pour les chofes
extraordinaires, qui lui fait rejeter tout ce qui eft
fimple & naturel. Mais quand l'efprit de parti &
le fanatifme règnent dans un pays, il faut renoncer à connoître la vérité ; & le parti qui l'emporte,
forme à l'avance le jugement de la poftérité.

Rouffeau a dit, que la liberté d'un pays feroit

achetée à trop haut prix, si elle *coûtoit la vie à un seul homme.* Louis XVI paroît avoir eu pour maxime, dans les orages de la Révolution, que la conservation de sa puissance seroit trop payée par la mort d'un de ses sujets. Louis XVI étoit sans goût pour les plaisirs d'éclat, sans faste personnel, sans desir d'étendre sa puissance, sans amour de cette gloire, si souvent fatale aux Peuples, & dont l'éclat, semblable à celui du feu des incendies, n'éclaire que des ruines. Il n'avoit aucun penchant à la dépense, & étoit plutôt porté vers une sévère économie; enfin pendant un règne de dix-neuf ans, il n'a eu ni favoris ni maîtresses. A son avènement au Trône il remit le tribut, connu sous le nom de joyeux avènement, & s'empressa bientôt après d'abolir la question. Il affranchit la subsistance des Peuples, des droits qui la renchérissoient; il supprima le droit d'aubaine & les corvées; il consulta la voix publique pour le choix de la plupart de ses Ministres; & tous ses discours, ses propos familiers, annonçoient son amour pour le Peuple. La Reine, jeune, belle, entourée de toutes les séductions, placée sur le Trône le plus brillant de l'univers, à la fleur de l'âge & de la beauté, n'a jamais aimé les fêtes & la représentation, & a promptement manifesté le goût d'une vie retirée, & d'une société intime, qui a peut-être été un des principes de ses infortunes. Elle a pu oublier quelquefois que, dans une

fuprême élévation, on fixe tous les regards ; elle
a pu ignorer long-temps que la malignité publique
transforme en crime la légèreté & l'imprudence.
Eloignée par goût de fe mêler des affaires du Gouvernement, occupée des plaifirs de fon âge, livrée
aux charmes d'une fociété intime, la Reine, jufqu'au miniftère du Prince de Montbarrey, n'a pris
aucune part au choix ou au renvoi des Miniftres.
Le Comte de Maurepas avoit élevé au miniftère
le Prince de Montbarrey, & le public ne fut fatisfait ni du choix de ce Miniftre, ni de fa conduite dans cette place. Des perfonnes, qui avoient
à fe plaindre de lui, profitèrent du mécontentement général pour engager la Reine à obtenir
du Roi le renvoi de ce Miniftre ; & ce fut auffi
à fa demande, que le Maréchal de Ségur lui fut
donné pour fucceffeur. Lorfque M. Necker quitta
le Miniftère, en 1781, la Reine, entraînée par
le fentiment général, crut que la difgrace de ce
Miniftre étoit une calamité pour l'Etat ; elle paffa
un jour entier dans fa chambre, avec quelques perfonnes de fa fociété, & fes larmes manifeftèrent
la part qu'elle prenoit au regret public.

Beaucoup de gens croient que la Reine a contribué au défordre des Finances par fes dépenfes
perfonnelles, fes profufions envers fa favorite, &
par les fecours en argent qu'elle a fait paffer à l'Empereur.

Je vais examiner fi ces imputations font fondées.

La Reine a fait élever quelques bâtimens à
Trianon, elle y a fait des jardins ; enfin elle a
acheté & embelli faint Cloud. Il eût mieux valu
certainement, & il eût été furprenant que Marie
Antoinette, née dans la pourpre impériale, élevée
par fa mère, la plus libérale des Souveraines, toute
puiffante fur l'efprit & le cœur de fon époux,
n'eût pas plus dépenfé que Marie Leczinski, inf-
truite à l'école de l'adverfité, fortie de l'humble
habitation de Weiffembourg, & foumife à la févère
économie du Cardinal de Fleury. Il eût été à préférer, que toujours applaudie, toujours excitée,
elle eût maitrifé fes goûts qu'on cherchoit à deviner pour les fatisfaire ; qu'elle eût triomphé de
la vivacité de fon âge, préfervé fon imagination de
l'ivreffe de l'encens prodigué à la double puiffance du
rang fuprême & de la beauté. Mais les dépenfes
dont je viens de parler, ont-elles été exceffives ? ont-
elles abforbé une partie des tréfors de l'Etat ? Saint
Cloud étoit une acquifition ; il avoit une valeur pour
le propriétaire, qu'il faut diftraire du fond dépenfé
en pure perte pour les embelliffemens. En fuppofant
que Trianon & faint Cloud ayent coûté *huit millions
ou dix* même, pour porter au plus haut ces articles,
je demande, fi une telle fomme, dépenfée dans

un règne de dix-huit années, a pu contribuer au défordre des finances, a pu exciter l'animofité des peuples (1) ?

La Reine a témoigné une affection particulière à une femme appelée à la Cour par fa naiffance, dont la fortune étoit plus que médiocre ; elle a défiré que cette femme raffemblât chez elle la fociété qui lui étoit agréable, qu'elle tînt pour elle une maifon ; & il a fallu affigner un fonds annuel pour la dépenfe qu'entrainoit cet établiffement. Ce fonds, & la dépenfe qui eft réfultée de l'adjonction du mari de la favorite, à la place de premier écuyer de la Reine, & des nouveaux arrangemens pris pour la furintendance des Poftes, peuvent être évalués à trois cent mille francs; mais la dépenfe entière n'a pas eu lieu dès les premiers temps de l'établiffement de la favorite à la Cour : on peut

---

(1) Il faut obferver que dans le moment où la Reine s'occupa d'acheter Saint-Cloud, la vente du Château-trom-pette fut réfolue ; & le produit de cette vente furpaffoit celle de l'achat de Saint-Cloud. La Reine fut fondée à croire qu'au moyen de cette reffource extraordinaire, l'acqui-fition de Saint-Cloud ne feroit point onéreufe à l'Etat ; enfin, en déduifant la valeur réelle de ce Château & de ce domaine des dépenfes d'embéliffemens, les treize mil-lions, dépenfés par la Reine, fe trouveroient réduits de quatre ou cinq millions, puifque le fonds fubfifte.

donc ne porter qu'à deux cent cinquante mille livres par an ces diverfes dépenfes , qui , dans l'efpace de douze ans environ , fe trouvent former un total de *trois millions*. Les revenus de la charge de Gouvernante des Enfans de France, fe font joints à ces bienfaits , pour faire à la favorite un fort éclatant ; mais il ne doit pas en être fait mention , parce qu'ils ne forment point une dépenfe extraordinaire , & que le nom de celle qui occupe une charge , eft indifférent à la finance. En réuniffant tous ces objets , la Reine de France a dépenfé environ treize millions en dix-neuf années de regne.

Je ne parlerai point ici des qualités & du caractère de la favorite de la Reine ; ces détails n'appartiennent à l'hiftoire , que lorfqu'elle a paru fur le grand théâtre des affaires publiques , comme la Maréchale d'Ancre , qui gouvernoit la Reine & l'Etat , & dont le mari jouoit auffi un rôle confidérable. En confidérant le pouvoir de Marie-Antoinette , on trouvera cette Princeffe réfervée & économe ; fi l'on compare les dons qu'elle a faits à une femme qu'elle aimoit , avec les profufions de Henri III pour d'Epernon, Joyeufe & Bellegarde , avec celles de Marie de Médicis pour le Maréchal d'Ancre, avec les prodigieufes libéralités de Louis XIV envers Madame de Montefpan & fes enfans, envers Madame de Fontanges , qui avoit un traitement de *trois cent mille francs* de notre monnoie *par mois*. La haine que l'on porte aux favoris, quel que foit leur caractère, cette haine qui n'eft, comme l'a dit la Rochefoucault, *que l'amour de la faveur*, a rejailli fur la Reine.

Il refte à examiner, fi la Reine a fait paffer des tréfors à l'Empereur. Ceux qui ont la plus légère idée des formes de la comptabilité, auront de la peine à concevoir comment l'envoi en eût pu être fecret. Les formes étoient telles en France, que l'entrée & la fortie des fonds ne pouvoient échapper à un nombre affez confidérable de furveillans ; aucune dépenfe n'étoit mafquée, & les chapitres de recette & dépenfe étoient en dernier réfultat, remis à la Chambre des Comptes, & vérifiés par plufieurs prépofés, intéreffés, pour leur propre sûreté, à l'obfervance exacte des formes. Il réfulte de cet ordre de chofes, que fi quinze ou vingt millions avoient été envoyés à l'Empereur, trente perfonnes en auroient été inftruites de proche en proche, & auroient pu indiquer avec certitude l'époque de l'envoi des fonds, & le moyen dont on s'étoit fervi pour l'opérer. Tous les regiftres, toutes les pièces de comptabilité ont été remis à l'Affemblée conftituante & févèrement examinées, & perfonne n'a pu citer un article de dépenfe dont l'objet fût inconnu. La prévention, la haine préfidoient à cet examen, & il doit paffer pour démontré que la Reine eft innocente d'un fait, auquel la plus acharnée malveillance n'a pu trouver le plus léger fondement.

Ceux qui liront un jour ces détails de fang froid, étonnés de l'acharnement du public contre l'infortunée Marie - Antoinette, chercheroient en vain dans fes manières, fes difcours, ou fon caractère des principes à cette haine aveugle. Je me fuis impofé la loi de ne point faire d'éloges ; je me bornerai donc aux faits, & je dirai qu'il n'eft perfonne en France, dont la Reine ait bleffé l'amour-propre par fes difcours : que jamais elle n'a provoqué la rigueur de l'autorité, ni protégé une injuftice. Loin d'avoir choqué les fentimens publics, entraînée par l'envie de plaire, elle a trop déféré à des opinions qu'elle a cru générales. Enfin elle a été plus occupée de fuivre les goûts de ce public, qui l'a déchirée, précipitée du trône & barbarement immolée, que de lui faire adopter les fiens. Cette condefcendance lui a été fatale, en diminuant, il faut en convenir, l'afcendant du rang fuprême.

Le penchant qu'elle parut avoir à favorifer les prétentions de rang de l'Archiduc Maximilien fon frère, pendant fon féjour en France, commença d'aliéner contre elle le public ; il fuppofa enfuite que l'Empereur avoit des vues dans fon voyage,

& qu'il vouloit mettre à profit, pour ſes ambitieux projets, le crédit tout puiſſant de ſa ſœur
ſur le Roi. L'amiſié que la Reine témoigna à ſon
frère, fit croire que l'intérêt de ſa famille & de
ſon pays prévaloit dans ſon cœur ſur celui de la
France. Ainſi cette fatalité, qui deſtinoit à Marie-
Antoinette un ſort affreux, dont l'hiſtoire n'offre
point d'exemple, commençoit à empoiſonner toutes
ſes actions, & on lui faiſoit un crime des plus
innocentes affections de la nature.

DU CLERGÉ.

LE Clergé poſſédoit en France d'immenſes revenus, qui peuvent être évalués à cent - quarante millions. Les revenus de pluſieurs Archevêchés & Evêchés étoient conſidérables, quelques-uns étoient immenſes ; celui de Paris étoit de plus de ſix cent mille livres. Mais on doit, à la vérité, de dire, que depuis plus d'un ſiècle, les Archevêques de cette capitale avoient la conduite la plus exemplaire, & diſtribuoient aux pauvres les trois quarts de leur revenu. Les Evêques étoient, en général, inſtruits ; pluſieurs ont été, à différentes époques, diſtingués par des talens éminens , & ils n'avoient point cet eſprit de corps qui aſſujettit ſervilement aux anciens uſages & repouſſe les lumières. Enfin le Clergé de France étoit peut-être celui de l'Europe, qui avoit les mœurs les plus décentes. Un aſſez grand nombre, parmi les Prélats, faiſoit d'abondantes aumônes, & ſe diſtinguoit par ſa piété & par la pureté de ſes mœurs. Mais on ne doit pas diſſimuler que l'ambition, les plaiſirs de la ſociété, & l'ennui de la repréſentation, attiroient un grand nombre d'Evêques dans la capitale ; & c'étoit un tort du Gouvernement de tolérer leur abſence de leur diocèſe. Elle avoit, dans le rapport religieux,

l'inconvénient

l'inconvénient de priver la province de l'exemple qu'ils étoient faits pour donner, & d'une surveillance attentive sur le Clergé inférieur. Dans le rapport politique, le séjour des Evêques dans la capitale produisoit un grand mal, celui d'enlever aux provinces les bénéfices que la culture & l'industrie auroient retirés de la consommation de revenus considérables dans le pays. Le Clergé régulier jouissoit de domaines immenses; & dans un siecle où la capitale attiroit dans son sein tous les riches propriétaires, privoit les provinces de la séve vivifiante d'un numéraire considérable, la possession de grands biens, par les réguliers, avoit des effets salutaires pour le Peuple. Les réguliers consommoient leurs revenus sur les lieux; ils animoient l'industrie par les grands travaux qu'ils entreprenoient, & secouroient l'indigence.

Les Curés en France formoient une des classes les plus respectables de la société. Le docteur Burnet, à son retour à Londres, disoit : *je ne connois point d'hommes qui fassent plus d'honneur à l'humanité que les Curés de Paris.* Le revenu de la plupart étoit insuffisant; & le zèle, les mœurs & la piété distinguoient cet ordre de Citoyens, digne d'un sort plus heureux.

Le Clergé n'étoit assujetti qu'à une partie des charges de l'Etat; il jouissoit des mêmes exemptions que la Noblesse pour la taille; & les dons gratuits qu'il payoit à certaines époques, tenoient lieu à l'Etat des vingtièmes & de la capitation, dont il étoit affranchi. Le Clergé jouissoit de la prérogative de s'imposer lui-même, d'acquitter ses tributs par des dons gratuits ; il empruntoit pour rassembler la somme qu'il offroit au Roi ; & sa dette augmentant sans cesse, il étoit menacé d'une banqueroute inévitable. En réunissant les intérêts payés par le Clergé de France, les dons gratuits & les contributions acquittées par le Clergé étranger, la somme totale s'élève à onze millions.

Il faut examiner combien le Clergé auroit payé, s'il eût été assujetti aux charges acquittées par les autres contribuables.

Les revenus du Clergé étant supposés de *cent quarante millions*, le dixième est *quatorze* ; & en y joignant une somme de trois millions pour la capitation du Clergé de France, d'après la proportion dans laquelle sont imposées les autres classes, le total monte à *dix-sept millions*. Il s'en faut donc de six millions que le Clergé ne contribuât aux charges de l'Etat, dans la proportion de ses facultés. D'après ces calculs, il étoit redevable à l'Etat, depuis deux siècles, de sommes considérables ; & le Roi, dans la détresse où il s'est trouvé, étoit fondé à en exiger des secours proportionnés. Le revenu des Curés, qui étoit de quarante-cinq millions, étoit seul à excepter des charges nouvelles que le Clergé auroit

dû acquitter pour fubvenir aux befoins de l'Etat ;
& cette exception faite, il reftoit un produit annuel
de *quatre-vingt quinze millions*, réparti dans un petit
nombre d'hommes, dont plufieurs jouiffoient de revenus immenfes. Lorfque ce malheureux *deficit*, dont
l'Europe a retenti, excitoit la follicitude du Gouvernement, le Roi n'eût-il pas été fondé à demander au
Clergé opulent *deux cents millions*, & une contribution annuelle de *dix millions ?* C'étoit, en y comprenant l'intérêt des deux cents millions, *vingt millions*
à déduire de quatre-vingt-quinze, c'eft-à-dire, un
peu plus du cinquième. Un Archevêque, qui avoit
cent mille livres de revenu, en auroit confervé
à-peu-près quatre-vingt. Les autres bénéficiers auroient été taxés en proportion, & l'Etat étoit fauvé.
Mais la force manquoit au Gouvernement pour une
fi jufte & fi falutaire opération ; & le Miniftre, qui
l'auroit propofée un an avant l'affemblée des Etats-
Généraux, auroit paffé pour un infenfé. Il faut pour
toutes les opérations, que les efprits foient mûrs ;
ils ne l'étoient pas complettement en France à cet
égard ; & le Monarque n'avoit pas cette force de
caractère qui hâte, par une fecouffe vive, la marche
des idées.

DE LA NOBLESSE
ET DE SES PRIVILÈGES.

La haute Nobleſſe jouiſſoit en France d'une grande conſidération & d'une ſupériorité marquée ſur les autres claſſes ; mais le goût de la ſociété & du plaiſir, & le caractère mobile de la Nation, ne permettoient pas qu'il y eût, comme dans d'autres pays, des limites fixes & ſéparatives entre les divers états. On diſtinguoit l'ancienne Nobleſſe, qui ſe perdoit dans la nuit des temps, d'avec celle dont l'origine étoit connue & plus ou moins récente ; & les anciens Nobles étoient ſeuls admis de droit à la Cour, ainſi que leurs femmes. La Pairie étoit la première dignité, & elle procuroit à la Cour des honneurs refuſés aux plus grandes maiſons. Il y avoit deux ſortes de Ducs ; les uns étoient Pairs & ſiégeoient au Parlement ; les autres n'avoient que le titre de Duc & jouiſſoient, ſeulement à la Cour, des honneurs qui étoient affectés à cette dignité. On n'exigeoit aucune preuve pour être admis parmi les Pairs, & dans un eſpace de cent cinquante ans, on compte *quinze* familles d'annoblis, & par conſéquent tirant leur origine du

Tiers-Etat, qui ont été honorées de la Pairie. Le premier Ordre de la Cour, celui du Saint-Esprit, n'exigeoit que cent années de Nobleſſe ; & l'on compteroit plus de deux cents Chevaliers de cet Ordre, depuis ſon inſtitution, dont les auteurs avoient été annoblis. La haute Nobleſſe obtenoit de préférence des Régimens, des Evêchés & des Abbayes conſidérables ; mais des familles annoblies depuis un ſiècle & moins, jouiſſoient des mêmes avantages. Le reſpect pour certaines races, & par conſéquent pour la Nobleſſe, eſt un des préjugés le plus univerſellement répandu ; il exiſte parmi les nations les plus ſauvages. Et ſi l'on conſidère que la Nobleſſe n'eſt autre choſe qu'une tradition, que le ſouvenir des ſervices & des talens, on conviendra que c'eſt avec raiſon qu'elle jouit d'une conſidération particulière. En ſuppoſant l'anéantiſſement des Nobles & un autre ordre de choſes établi dans un pays, on y ſera également porté par les ſuites à des égards marqués envers des hommes, dont les noms, conſacrés dans l'hiſtoire, rapelleront des vertus, des talens, ou des actions éclatantes. Il y aura donc toujours des Nobles ; & il ſera impoſſible que le Peuple, habitué à reſpecter certains noms, n'ait pas de la déférence pour ceux qui les portent. La plus illuſtre Nobleſſe ne jouiſſoit en France que de la conſidération attachée aux noms antiques & célèbres, & la Pairie ſeule procuroit à la Cour des diſtinctions honorifiques. Pluſieurs familles, ſorties plus ou moins anciennement du Tiers-Ordre, ont été élevées à cette dignité. L'éclat de la Pairie ne faiſoit pas entièrement diſparoître le déſavantage [d'une origine récente. La maiſon de Lorraine témoigna ſon mécontentement d'une alliance contractée avec la famille des Villeroy. Mais n'étoit-ce pas beaucoup pour les deſcendans d'un Secrétaire des Finances, ſous François I, de s'allier avec une maiſon ſouveraine, qui avoit balancé l'autorité des Rois, & qui avoit été au moment d'être élevée ſur le Trône ? Un Duc de Villeroy, dans ce ſiècle, fut refuſé pour la préſidence de la Nobleſſe de Bretagne, dont la Baronnie de Retz le rendoit ſuſceptible ; & j'ai vu les Capitaines des Gardes concerter des repréſentations au Roi, pour écarter de cette place un homme titré, dont la famille avoit été annoblie il y avoit moins de deux ſiècles. C'eſt ainſi que les anciens préjugés triomphoient quelquefois de la faveur & de la fortune, & qu'il exiſtoit des contradictions qui étoient le produit néceſſaire du Gouvernement, formé peu-à-peu au milieu des orages & du conflit des diverſes conditions.

On mettoit une grande différence entre la Nobleſſe militaire & ancienne, & la Nobleſſe de Robe, dont l'origine étoit inconteſtablement connue & récente. Les Parlemens étoient, dans les premiers

temps, compofés des Barons, des Pairs de France
& de la haute Nobleffe. Les légiftes ou les jurif-
confultes, qu'ils appelèrent pour les aider dans
l'adminiftration de la Juftice, n'étoient point Nobles,
& plufieurs defcendoient d'affranchis. Ils ont, par
la fuite des temps, été mis, ainfi que leurs defcendans, au rang des Nobles. Mais ces familles n'ont
jamais dû jouir de la même confidération que celles
des membres des anciens Parlemens. On voit, par
ce qui vient d'être expofé, que la plus haute Nobleffe ne jouiffoit dans la réalité que d'illuftres fou-
venirs, qui lui valoient une fupériorité purement
d'opinion ; que les privilèges honorifiques à la Cour
étoient uniquement attachés au titre de Duc, &
que des familles d'une origine peu illuftre & récente, ont fouvent été honorées de cette dignité.
Les avantages pécuniaires de la Nobleffe étoient
indiftinctement le partage & des plus grands feigneurs
& des annoblis. Mais étoient-ils onéreux au Peuple
& à l'Etat ? Voilà ce qu'il eft intéreffant d'examiner.

Les Nobles, dans les temps anciens, menoient
leurs vaffaux à la guerre, contribuoient, de leur
perfonne & de leur fortune, à la défenfe de l'Etat ;
il étoit jufte qu'ils fuffent affranchis de toute autre
charge. Les bourgeois, qui n'étoient point affujettis
au fervice militaire, fourniffoient des fubfides en
argent. Lorfque les Rois ont fubftitué des milices
permanentes à l'affemblage confus des troupes

féodales, la contribution en argent eſt devenue
générale ; & les Nobles, pour qui la guerre ceſſa
d'être ruineuſe , & qui furent payés par le Roi,
furent ſoumis à la plupart des taxes acquittées par
les bourgeois & habitans des campagnes. Dans les
derniers temps il ne leur étoit reſté de leur antique ſplendeur & de leur indépendance , que le
privilège d'une exemption de taille pour l'exploita-
tion de trois charrues : mais il falloit que le Noble,
qui vouloit en jouir , fît valoir par lui-même ſa
terre ; le privilège ceſſoit dès qu'elle étoit affermée.
Si l'on conſidère, combien peu de Gentils-hommes
étoient à portée de profiter de cette exemption,
elle paroîtra bien peu conſidérable. Les grands propriétaires & tous les Nobles, qui avoient des emplois à la Cour & à l'Armée, tous ceux qui vivoient
dans la capitale, ou exerçoient des charges dans
les villes de province, affermoient leurs biens , &
une partie de la plus pauvre Nobleſſe jouiſſoit
ſeule de cet avantage. Si l'on porte au cinquantième
du produit de la taille, c'eſt-à-dire, à *deux millions*
environ , le montant de ce privilège de la Nobleſſe,
je crois que l'on ſera plutôt au-delà , qu'en-deçà
de la vérité. Je ne parle pas des droits féodaux,
parce que cette diſcuſſion exigeroit de trop grands
détails ; mais j'obſerverai que la plupart avoient
pour principe des conceſſions faites anciennement
par les Seigneurs.

J'ai tracé l'origine, les prérogatives, les prétentions des Nobles, jadis rivaux des Rois, oppresseurs des Peuples, & depuis trois siècles réduits au rôle de courtisans, & mêlant leur sang avec celui de familles, qu'ils n'auroient pas admises à leur table il y a cent cinquante ans. Frappé moi-même du fidèle tableau que j'ai fait, je me demande, où étoient ces Aristocrates, qu'on représente si puissans, si impérieux, & dévorant la substance des Peuples, après les avoir accablés de mépris?

DU TIERS-ÉTAT.

CETTE multitude immense d'hommes actifs, industrieux, qui embrasse par ses travaux tous les arts utiles & agréables, le Tiers-Etat étoit-il opprimé, humilié ? étoit-il privé des moyens de faire valoir les talens qu'il recevoit de la nature ? Le chapitre, qui traite des impôts, fera voir les charges que le Peuple supportoit ; il ne sera donc question en ce moment que des moyens que le Tiers avoit de s'avancer, de s'élever par ses travaux & ses talens, à des emplois lucratifs ou honorables. En considérant l'organisation de la société en France ; on verra que la Noblesse n'étoit point comme les castes de l'Inde, éternellement divisées, sans qu'aucun des individus qui les composent, puisse passer de l'une dans l'autre, & s'y incorporer. Rien ne fut de tout temps plus facile à franchir, que la ligne qui séparoit la Noblesse d'avec le Tiers-Etat. Il a suffi, jusqu'à la fin du seizième siècle, d'entrer dans le service militaire, ou de posséder un Fief Noble, pour être au rang des Gentils-hommes. Une partie de la Noblesse Françoise n'a d'autre principe que le service d'un de ses auteurs dans les compagnies d'ordonnances ; & la plus illuſtre Nobleſſe de l'Europe ; en remontant aux commencemens des divers Etats , n'a d'autre titre également que celui du ſervice militaire ou de la poſſeſſion des bénéfices & des fiefs. Les lettres d'annobliſſement & la poſſeſſion des charges ont été ſubſtituées à ces moyens d'acquérir la Nobleſſe. Lorſqu'on parle des avantages de la Nobleſſe, on ne peut ſe diſpenſer de les regarder comme étant en grande partie communs au Tiers-Etat , puiſque l'origine connue d'une partie de la Nobleſſe ſe trouve , dans des temps peu reculés , venir de cet ordre. Si dans un eſpace de trois cents ans les plus grands emplois de l'Etat ont été accordées à des hommes , dont les pères , ou grand-pères , étoient nés dans la bourgeoiſie ; ſi de degré en degré , de génération en génération , l'homme du Tiers s'éle-voit ſucceſſivement à un rang ſupérieur à celui de ſes pères , il eſt indiſpenſable de regarder comme du Tiers-Ordre , tous ceux qui en deſcendent , à quelque élévation qu'ils ſoient parvenus. Il falloit, à la vérité , que le Tiers-Ordre paſsât lentement par divers degrés , que les Nobles anciens fran-chiſſoient d'un ſeul pas ; mais il avoit enfin la fa-culté de s'élever avec le temps aux mêmes emplois. Il n'exiſtoit pas de barrière inſurmontable qui lui en fermât l'accès; & de génération en génération, la viteſſe du mouvement étoit pour lui accélérée. Je dois , avant d'aller plus loin , prévenir une

objection & me hâter d'y répondre. Tout étoit
vénal en France, dira-t-on ; si le Tiers-Etat n'étoit
pas exclus par sa naissance de certains emplois, il
l'étoit par sa fortune. Il ne falloit pas être d'une
origine ancienne pour entrer dans la magistrature,
mais on ne pouvoit y être admis sans avoir une
fortune, qui mît à portée d'acquérir une charge.
Donc le Tiers étoit repoussé, soit par sa naissance,
soit par sa fortune, des places qu'il auroit pu mériter & illustrer même par ses talens. La réponse
à cette objection est bien simple. L'homme naît
avec une propriété ou sans propriété : ceux qui
n'ont reçu en naissant qu'une intelligence médiocre
& des bras, sont voués par la nature même aux
travaux de la culture ou aux arts mécaniques peu
compliqués. Ceux à qui la nature a donné un plus
grand degré d'intelligence, ou des talens, ont par
eux-mêmes des moyens de s'avancer & de s'illustrer. Il en étoit de même en France. Les talens de
l'esprit n'exigeoient qu'un foible concours d'avances
pécuniaires, & l'on pouvoit même s'en passer ;
les arts libéraux, les comptoirs des marchands, les
emplois subalternes de la finance, la profession
d'avocat, &c., offroient mille moyens de subsister
& d'acquérir des fonds, qui étoient autant d'éche-
lons vers des grades supérieurs, & enfin vers la
fortune. Supposons, & cette supposition est l'his-
toire exacte de cent mille individus, que le fils

d'un laboureur ait acquis par ces moyens un capital de cinquante mille écus. Son fils augmente ce
pécule & le double ; il acquiert la Nobleffe, le
petit-fils eft Magiftrat ou Militaire. La quatrième
génération s'élève à des poftes plus éminens ; &
fi l'application fe foutient dans celle qui fuit, ou
fi des chances heureufes, que chaque claffe comporte, deviennent fon partage ; fi des fuccès marqués fixent l'attention publique, il n'eft pas d'emplois militaires ou civils, auxquels elle ne puiffe
prétendre.

Je vais à préfent faire l'énumération des divers
moyens d'avancement de fortune, qui étoient en
France le partage des hommes du Tiers-Ordre,
ou de ceux qui en defcendoient, & dont l'origine
récente étoit connue.

Il exiftoit dans la maifon du Roi & celle des
Princes, un nombre confidérable d'emplois honorables ou utiles, exercés par des hommes du Tiers-
Etat, ou qui étoient à la première ou à la feconde
génération d'annobliffement. Dans l'Armée, un quart
des Officiers, à-peu-près, n'étoit pas Noble, ou
étoit annobli.

Il y avoit dans le Royaume douze Parlemens,
& à-peu-près autant de Cours des Aides & de
Chambre des Comptes. Les charges les plus éminentes de ces Tribunaux, étoient remplies par des
hommes fortis depuis un fiècle du Tiers-Ordre,

& les autres par des annoblis. Il y avoit encore dans chacune de ces Cours diverses charges exercées par des hommes de famille bourgeoise.

Dans la plus grande partie des provinces il existoit des bureaux de Finances, dont les charges conféroient la Noblesse, & formoient autant d'objets d'ambition pour les personnes du Tiers-Etat, qui s'élevoient facilement à ces charges, lorsqu'elles avoient acquis par l'économie, le commerce, les emplois lucratifs de la finance & tout genre d'industrie, quelque fortune. Il y avoit dans chaque ville une Sénéchaussée, un Présidial ou un Bailliage; & ces emplois peu coûteux procuroient de la considération & des émolumens. La profession d'Avocat étoit honorée & offroit aux hommes de talent un moyen d'acquérir de la célébrité & de la fortune.

Enfin un nombre très-grand, & trop grand, d'emplois subalternes dans les Tribunaux, tels que ceux de Greffiers, de Procureurs, d'Huissiers, procuroient des émolumens considérables à une multitude de citoyens.

Les emplois, que je viens de citer, étoient tous l'apanage du Tiers-Ordre ou de familles qui en sortoient, & qui s'élevoient par degrés jusqu'aux premiers rangs de la magistrature.

Un autre état, celui de la finance, étoit la source des plus rapides fortunes; des revenus considérables étoient attachés aux premiers emplois de la finance,

& une multitude de places plus ou moins lucratives faifoient vivre dans l'aifance un grand nombre
de familles. Je ne m'éloignerai pas de la vérité, en
portant à cinquante mille le nombre des hommes
foudoyés, pour la perception des impôts & des
revenus publics, depuis le Garde ou Commis, qui
jouiffoit de cinq ou fix cents livres d'appointemens,
jufqu'au Fermier - Général, Receveur - Général ou
Tréforier. Cette multiplication d'emplois étoit un
mal en foi, & l'u̶n̶ des grands abus du fyftême
compliqué d'impofitions de la France; mais il n'en
eft pas moins vrai qu'elle étoit favorable à un nombre
immenfe de citoyens. L'état écléfiaftique préfentoit
encore au Tiers-Etat des moyens d'aifance & de
fortune. Les Evêchés, les Abbayes du premier ordre
étoient, à la vérité, accordés prefqu'exclufivement
à la Nobleffe diftinguée ; mais fouvent des hommes d'une naiffance obfcure y parvenoient, & un
nombre prodigieux de Canonicats, de Chapelles,
de Prébendes & d'Abbayes féculières, étoient l'objet de l'ambition du Tiers comme de la Nobleffe ;
les Cures étoient auffi le patrimoine du Tiers-Etat.
L'adminiftration employoit un nombre infini de
perfonnes, qui toutes étoient du Tiers ; tels étoient
les Commiffaires des Guerres, les Chefs des divers
Bureaux, les Employés des Vivres, des Ponts &
Chauffées, les Commis de tout genre.

Si l'on joint à ces divers emplois & moyens

d'aifance, de fortune & d'élévation, tous ceux qui réfultent d'un commerce immenfe, dont la balance étoit de quarante-cinq millions en faveur de la France, il fera évident qu'une multitude d'hommes étoit à portée d'exercer fes talens & fon induftrie, & de s'élever en deux générations aux premiers emplois de l'Etat, & quelquefois en fix ou fept jufqu'à la Pairie. Ainfi cette Nobleffe, qu'on repréfente fi orgueilleufe, laiffoit monter au rang de fes chefs des hommes du Tiers & ce Tiers, qu'on s'efforce de montrer circonfcrit dans les travaux mécaniques, poffédoit les charges importantes, qui donnent une autorité réelle, telles que celles de Secrétaires d'Etat, & de la haute Magiftrature. Enfin du fein de ce Tiers fi avili, fi opprimé, fi méprifé, dit-on, font forties, dans l'efpace d'un fiècle, quinze familles honorées de la Pairie, à laquelle n'ont point été élevés les *Rieux*, les *Beaufremont*, les *Taleyrand*, les *Chabanne*, dont l'antique éclat remonte aux premiers temps de la Monarchie, & qui ont mêlé tant de fois leur fang avec celui des Rois.

La Pairie fut, dans les temps anciens, l'apanage des Princes du fang ; les Princes étrangers n'y furent élevés qu'à la fin du quinzième fiècle ; & la Nobleffe Françoife n'en fut honorée qu'au milieu du feizième fiècle. Le Connétable de Montmorency eft le premier de la Nobleffe Françoife, qui ait été fait Pair de France ; & le Parlement de Paris refufa d'enregiftrer

les

les lettres d'érection, attendu, dit-il, que telle dignité n'appartenoit qu'aux Princes de la Maison royale, ou à ceux des Maisons souveraines. Je suis bien éloigné d'adopter les fables injurieuses que contient un mémoire contre les Pairs, qui parut du temps de la régence. L'ignorance, l'imposture & la passion se sont efforcées de donner aux plus grandes maisons une origine obscure. C'est là qu'on lit, entre autres absurdités, que l'illustre & antique maison de Crussol descend d'un Apothicaire. De telles allégations ne méritent pas la peine d'être réfutées. Mais il est vrai de dire que plusieurs maisons, illustrées par les plus grandes dignités, sont sorties du Tiers-Etat, & dans cinq ou six générations sont parvenues à la Pairie. De ce nombre sont les *Potiers de Gesvres* & les *Villeroy*. Le premier Duc *de Mazarin* étoit petit-fils de l'Avocat *Laporte*. Le Chancelier *Seguier* a été fait Duc sous le nom de Duc *de Villemort* (1).

---

(1) Je ne puis passer sous silence, à cette occasion, la vertueuse & noble résistance du Parlement de Paris, à l'enregistrement des lettres d'érection de la terre de Ville-mort en Duché, en faveur du Chancelier Seguier, & les motifs vraiment patriotiques & romains des Magistrats de cet illustre corps. Loin d'être flattés de voir décoré de la dignité de Duc un homme de leur ordre, ils refusèrent d'enregistrer les lettres, par la raison que la perspective des premiers honneurs de la Cour feroit naître dans les

Le Maréchal de Belle-isle, le Maréchal de ***, dont les descendans subsistent dans un rang éminent, étoient de familles récemment annoblies; le Duc *d'Etrées* & le Duc *de la Vrillière*, avoient une pareille origine. Le grand Maréchal *de Villars* étoit d'une famille annoblie un siècle avant sa naissance. Le Maréchal *de Maillebois*, petit-fils d'un laboureur du Soissonnois, a été fait Grand d'Espagne; & son fils, distingué par ses talens, étoit au moment d'être Maréchal & Duc, lorsqu'il se perdit par une imprudence. Dans le siècle dernier, *Fabert*, qui n'étoit pas un homme d'un grand talent, étoit petit-fils d'un Libraire, & fut fait Maréchal de France. Le frère *de Colbert* a été fait Cordon-bleu, *Catinat* étoit d'une famille bourgeoise; & quelque grande que soit la dignité de Maréchal de France, ses vertus & ses talens ne me permettent pas de dire qu'il en a été honoré. M. *d'Asféld*, d'une famille bourgeoise, a été, dans ce siècle, fait Maréchal de France, & Chevalier de la Toison d'or; & le Comte *de Morville*, d'une très-obscure famille, a été également honoré de cet ordre distingué.

A ces exemples des plus hautes dignités, possédées

Magistrats une ambition contraire à la modération, qui devoit les caractériser, & leur feroit mettre moins de prix aux dignités de la Magistrature, qui devoient seules être pour eux l'objet d'une louable ambition.

par des perfonnes du Tiers-Etat, il faut joindre le nombre confidérable de ceux qui font parvenus au miniſtère, & ont fondé des familles, qui ont partagé avec la Nobleſſe les grands emplois militaires, & fouvent les charges de la Cour. Tels font les *Sillery*, les *Huraut de l'Hôpital*, les *Bullion*, les *Bouthiliers*, les *Colbert*, les *Louvois*, les *Phelipaux*, *Dreux*, *Chamillart*, *d'Arménouville*, &c. &c.

Eſt-il une contrée dans l'Europe, où le Tiers-Etat ait joui d'auſſi grands avantages ? & peut-il exiſter un ordre de choſes plus favorable à cette claſſe ? Les droits féodaux étoient inhérens aux terres ; & comme elles pouvoient être achetées par tout homme qui avoit des moyens ſuffiſans, il n'y avoit à cet égard aucune ligne de démarcation : un annobli jouiſſoit ſans difficulté des droits qui avoient diſtingué dans les temps antiques l'habitation *des Rieux* & *des Coucy*. Cet expoſé des nombreux moyens d'avancement & de fortune, dont jouiſſoit en France le Tiers-Ordre, fait voir qu'il n'étoit aucunes prérogatives qu'il ne partageât avec la plus haute Nobleſſe, ſi l'on en excepte celle d'être préſenté au Roi comme courtiſan, & de manger avec lui.

DU RAPPROCHEMENT
DES DIVERSES CONDITIONS.

En France feulement il exiftoit, fi je puis m'exprimer ainfi, un frottement perpétuel entre les diverfes claffes, qui en minoit les angles trop faillans; & cette facilité de mœurs, qui caractérife les François, ne permettoit pas qu'il y eût d'invariables & humiliantes féparations. La Magiftrature étoit compofée d'un nombre confidérable de Citoyens, qui jouiffoient à ce titre, comme je l'ai dit, de la Nobleffe, & la tranfmettoient à leurs enfans. L'exercice de l'autorité, qui étoit confiée aux Magiftrats, & leur influence dans le Gouvernement, leur procuroient une confidération perfonnelle, qui néceffitoit les égards & les ménagemens des perfonnes les plus confidérables par leur rang. Enfin des alliances multipliées exiftoient entre les familles des Magiftrats, de la Finance & celles de la haute Nobleffe, & formoient des liaifons qui réuniffoient ces diverfes claffes.

L'homme de la Cour, dans l'ivreffe de fes titres, ébloui de fes cordons, en parlant à fes égaux, des Magiftrats, les traitoit quelquefois de bourgeois. Mais ces bouffées de vanité, réprouvées des gens fensés, n'empêchoient pas qu'ils ne fuffent refpectés à la ville, & traités à la Cour avec diftinction par les Miniftres. Les enfans des Financiers s'élevoient aux emplois de la Magiftrature, & parvenoient aux plus grandes places & fouvent au Miniftère. Les richeffes des Financiers devenoient la reffource des grandes familles obérées, & les alliances s'étoient multipliées entre les races les plus illuftres, & les Financiers opulens.

Les talens, l'efprit, les agrémens, la célébrité dans les arts, faifoient obtenir des égards flatteurs. Et ces heureux dons de la nature mettoient des hommes fans naiffance, à portée de vivre, dans une apparente égalité, avec les plus grands Seigneurs, & les perfonnes les plus confidérées.

Tous ces moyens de s'enrichir, de s'élever, de s'allier avec les plus grands noms, d'être admis dans les premiers cercles, n'exiftent pas dans les autres pays. Les diverfes conditions y font claffées invariablement; les Nobles ne fe méfallient point, & ce n'eft pas tant par orgueil que parce qu'il n'y a, en général, point d'avantage à fe méfallier. Les fortunes du Commerce & de la Finance, dans les autres Etats de l'Europe, ne font ni confidérables, ni multipliées, & il y a au contraire un très-grand avantage à ne pas fe méfallier, fondé fur les richeffes & les éminentes dignités que procurent les chapitres.

La nouvelle Nobleffe & celle qui date même de deux cents ans, eſt ſans conſidération en Allemagne, & ne peut être admiſe dans la ſociété de la première Nobleſſe (1). Un Miniſtre, un Ambaſſadeur à Vienne, ne peut inviter à ſouper une femme, dont le mari Comte ou Baron, n'eſt pas de la première Nobleſſe ; & les Dames de cette claſſe déſerteroient ſa maiſon, s'il tentoit un tel mélange. Enfin le goût de la ſociété & du plaiſir, ne fait pas, dans la plupart des pays, taire l'orgueil, & n'y confond pas les rangs dans la vie habituelle, comme en France, où l'amuſement étoit l'objet le

---

(1) Le goût de la ſociété a fait de grands progrès à Vienne ; & ce goût ainſi que l'eſtime des talens, font ſouvent taire des préjugés anciennement enracinés. Je remarquerai encoré, qu'il eſt peu de pays où le mérite & les talens obtiennent plus de conſidération.

Le Prince de Kaunitz n'a jamais rien demandé pour perſonne, n'a jamais procuré aucune grace pendant 50 ans de miniſtère ; & on n'étoit pas moins empreſſé de luï rendre des hommages, qui n'étoient corrompus par aucun levain d'intérêt ou d'ambition. On oublioit la naiſſance de Laudon ; & s'il avoit laiſſé des deſcendans, ils jouiroient d'égards marqués.

C'eſt dans la patrie du Baron de Thunderten-Trunk ; & dans d'autres contrées de l'Allemagne, que la ligne de ſéparation de la Nobleſſe eſt invariablement fixée, & que le ſouvenir des titres ſe produit dans les plus petites circonſtances.

plus important des sociétés. La maîtresse d'une maison ne s'occupoit pas de faire asseoir à côté d'elle l'homme le plus éminent en dignité, mais celui qui lui paroissoit le plus aimable. Dans les autres pays, & sur-tout dans le Nord, le rang militaire détermine votre place à table & dans la chambre, & on démêle promptement, en entrant, le grade de chacun, aux égards qu'on lui témoigne. En France, les différences d'état ne se marquoient que par des nuances délicates, & sensibles seulement aux yeux les plus exercés. La faveur, le rang, l'esprit, les agrémens, la richesse, les talens, étoient également l'objet des égards ; & ces divers principes de considération sembloient confondre les personnes. La vanité générale, par toutes ces raisons, avoit moins à souffrir en France que dans les autres pays. Les titres, les armoiries, les livrées, ne peuvent être usurpés dans la plûpart des Etats, & le nombre des chevaux d'attelage y est fixé. Le ridicule étoit en France le seul frein opposé aux vaines prétentions. Tel étoit l'ordre, qui subsistoit dans ce Royaume depuis des siècles, & tel étoit le balancement de toutes les classes & de tous les genres de considération, qu'il y avoit, dans la plûpart des conditions, les moins élevées en apparence, des prérogatives qui rivalisoient avec celles des premières dignités. Ainsi, par exemple, le fils d'un bourgeois enrichi, qui avoit acheté une charge de Conseiller au Parlement, étoit de la Chambre des Pairs, & non-seulement opinoit avec eux, mais les précédoit dans la séance, l'usage étant que le doyen des Conseillers siégeât avant les Pairs. Un Président-à-mortier traversoit le parquet, & partageoit avec les seuls Princes du sang cette prérogative, refusée aux Pairs de France. Une inconséquence venoit se mêler aux prérogatives honorifiques des Magistrats. Le Chancelier de France, chef de la Magistrature, & regardé comme la première personne de l'Etat, siégeant au Conseil du Roi avant les Pairs, ne pouvoit manger avec le Roi ; l'homme de robe déplacé, en général, dans les sociétés de la Cour, jouissoit dans la capitale d'une grande considération. Il ne pouvoit prétendre à exercer une charge qui lui auroit donné le droit de présenter un mouchoir au Roi ; mais il s'élevoit avec force dans le Parlement contre son autorité. Et tandis que les plus grands personnages paroissoient à la suite du Monarque, comme des serviteurs, il délibéroit en sa présence sur les plus importantes affaires de l'Etat, défendoit éloquemment la cause des Peuples, intimidoit les Ministres par une courageuse liberté, & arrêtoit les entreprises de l'autorité arbitraire.

Au milieu de ces contradictions, il étoit dans chaque état des exceptions favorables, & des compensations pour l'amour-propre. Chaque classe de

Citoyens offroit une fphère, dans laquelle ceux qui la compofoient, pouvoient fe circonfcrire, & trouver des objets de confolation pour ce qui leur étoit refufé ailleurs. L'homme d'une Nobleffe récente, qu'une charge faifoit admettre à la Cour, s'énorgueilliffoit de fon accès auprès du Souverain; le Noble d'une race antique, dénué des biens de la fortune, fe complaifoit dans le récit des anciennes illuftrations de fa race, & dans la confidération des perfonnes du même ordre. Le Magiftrat, dédaigné à la Cour, jouiffoit avec orgueil des honneurs rendus au Mortier dans le Marais. Le Maître des Requêtes, tout-puiffant dans une province, recueilloit avec un fentiment de vanité les hommages des Peuples, qui le dédommageoient du déplaifir de fe voir confondu dans la capitale. Le Financier, inconnu à Verfailles, voyoit avec fatisfaction les plus grands Seigneurs de la Cour s'affeoir à fa table, s'affocier à fes plaifirs, & par l'intimité de la fociété, s'efforcer de participer à fon opulence. Les Grands, pour le flatter, cherchoient à faire oublier la diftance de leur état, & l'ivreffe de la fortune lui faifoit oublier fon néant. L'homme de Lettres fans aïeux, recherché des Grands, des hommes en place, des riches, foit par un effet de leur goût pour les Lettres, ou par prétention, étoit diftingué, comblé d'éloges dans les plus brillantes fociétés, & des bienfaits de la Cour joignoient l'utilité à ces agrémens. L'Artiste célèbre, le Muficien, le Peintre, étoient auffi l'objet d'empreffemens flatteurs. Enfin le goût du plaifir faifoit difparoître habituellement toutes les lignes de féparation ; & la fociété reffembloit à un grand bal, où chacun fe preffe, fe coudoie, fe place au hazard ou felon fon goût, & ne cherche qu'à paffer agréablement quelques heures.

Les femmes de robe étoient exclues de la Cour ; mais cette féparation n'eft point ancienne, & n'a commencé qu'au règne de Louis XIV. Elles avoient été jufqu'alors préfentées à la Cour, admifes à la table du Roi ; la preuve en eft confignée dans les defcriptions des fêtes que Louis XIV donna au commencement de fon règne. On y lit que la femme du Lieutenant - Civil & d'autres femmes de Magiftrats, affiftèrent à ces fêtes au rang des Dames de la Cour, & furent admifes à la table de Louis XIV. Mais fi elles jouiffoient de ces avantages, il y avoit cependant quelques différences dans la manière d'être préfentées. Les femmes de Magiftrats n'étoient point ce qu'on appelle *faluées*, c'eft-à-dire, que le Roi n'approchoit pas fa joue comme pour les embraffer, lorfqu'elles lui étoient préfentées ; il leur faifoit un fimple falut. Cette différence parut humiliante aux familles diftinguées de la Magiftrature, fur-tout aux Préfidens-à-mortier, qui s'efforcèrent, dans quelques occafions, d'obtenir le rang de Pair à la Cour. Les Magiftrats aimèrent mieux que leurs femmes ne parûffent plus à la Cour, que de les y voir traitées avec moins de confidération que les autres. Dès-lors celles de l'ancienne chevalerie reftèrent feules en poffeffion d'être admifes dans la fociété du Roi & de la Reine; & comme tout s'oublie aifément, les Gens de la Cour regardèrent les Magiftrats comme des bourgeois, exclus par leur état, depuis Pharamond, de tout accès à la Cour. Les premiers Magiftrats, dans l'exercice des plus auguftes fonctions, ne parurent à la plupart que des Marguilliers, enorgueillis dans leur banc à la paroiffe.

Il n'en étoit pas ainfi dans les temps anciens. On lit dans l'hiftoire, que lorfque les Reines venoient dîner à l'Hôtel-de-Ville, on leur préparoit un bain, & qu'il y en avoit de deftinés aux Dames de leur fuite, & à une bourgeoife de Paris, admife à lui faire fa cour dans ces jours de repréfentation. Henri IV alloit fouper chez des Préfidens du Parlement & chez Zamet; & c'eft l'habitation conftante des Rois, hors de la capitale, qui a établi un immenfe intervalle entre eux & diverfes claffes de la fociété.

DES PARLEMENS.

LE mot de *Parlement* a signifié autrefois toute assemblée où l'on se réunissoit pour conférer des affaires publiques. Les Champs-de-Mars & de Mai ont été ainsi appelés, & les Etats-Généraux, qui leur ont succédé, ont été désignés d'abord sous le nom de Grands-Parlemens. Les assemblées connues depuis plusieurs siècles sous ce nom, & dont il est ici question, ont été instituées pour rendre la Justice, & se tenoient deux fois par an. Elles étoient originairement composées des hauts Barons, parce que le droit de rendre la Justice, a de tout temps paru le plus bel apanage des Souverains & des Seigneurs.

Les Barons étoient peu instruits, & la majeure partie ne savoit pas lire. On leur donna pour assesseurs des Jurisconsultes ou Légistes appelés *clercs*, qui composèrent seuls les Chambres des Enquêtes.

Le Roi payoit des gages à ces Conseillers, qui furent appelés Maîtres. Ils remplacèrent les Barons, & le Parlement fut uniquement composé de gens du Tiers-Etat. Le Roi ayant convoqué plusieurs fois les Pairs au Parlement de Paris, comme il l'avoit fait en d'autres lieux, & cet usage ayant subsisté, le Parlement a prétendu former la Cour des Pairs. Une partie de la haute Nobleffe a continué de remplir les fonctions de Juges dans quelques-unes des Provinces, qui avoient des Souverains particuliers, & qui depuis ont été réunies à la Couronne. La Bretagne eft de ce nombre, & il fe trouve encore dans le Parlement de cette province, des familles de l'ancienne chevalerie. Une feule eft reftée dans celui de Paris ; c'eft la famille des *Anjorrant*, qui depuis Saint-Louis fiége dans cette Cour, fans avoir jamais été élevée à aucune des grandes dignités de la Magiftrature. Les Evêques furent exclus du Parlement, à l'exception de ceux dont les domaines relevoient immédiatement de la Couronne, & qui en conféquence étoient comptés parmi les Pairs, d'après la fignification exacte de ce mot, qui fignifie *pareils* ou *égaux*. Il fe donnoit à tous ceux qui relevoient du même fuzerain, & fouvent à tous les hommes d'une condition égale ; c'eft par cette raifon qu'il y avoit des *Pairs bourgeois*. Les *Remontrances* n'ont été originairement que des réponfes faites aux Rois, qui demandoient au Parlement fon avis, & le Parlement a pris enfuite l'habitude de le donner & d'infifter pour qu'il fût fuivi, fans avoir été confulté. Les befoins de l'Etat ayant fait imaginer de mettre à profit le droit que le Roi avoit de nommer aux places de Confeillers & de Préfidens du Parlement, on créa plufieurs Offices de Confeillers, qui furent

vendus , & par-la fuite ces Offices & tous les
emplois du Royaume eurent un prix fixe ; enfin
on finit par créer des emplois pour les vendre. Ce
fut un grand mal dans ces temps , mais les inconvéniens en ont été rachetés dans les temps poftérieurs par des avantages réels. Lorfque le Parlement fut devenu fédentaire , les Rois s'habituèrent
à le confulter ; & dans les temps de trouble , les
chefs des factions dominantes ayant eu auffi recours
au Parlement , il devint l'arbitre des plus grandes
affaires. Ceux en faveur defquels il décidoit, avoient
intérêt à foutenir fes droits , & le Parlement étoit,
pour fon propre avantage , porté à favorifer l'accroiffement du Pouvoir fouverain , en oppofition
à l'ariftocratie des Nobles. Le Roi , les Grands,
le Peuple , ayant cherché en diverfes occafions un
appui dans le Parlement , fon autorité a pris un
rapide accroiffement. Un acte d'autorité, favorable
au Souverain , étoit fuivi d'un autre acte qui lui
étoit contraire ; & l'on ne pouvoit fouvent con-
tefter l'un , fans porter atteinte à l'autre. L'inftruction donnée aux Députés des premiers Etats de
Blois , porte que « *bien que les Cours de Parlement*
» *ne foient qu'une forme des trois Etats raccourcis au*
» *petit pied* , ils ont pouvoir de fufpendre , mo-
» difier ou refufer les Edits ».

Cette inftruction, qui prouve ce qui n'étoit point
douteux , que les Parlemens ne repréfentoient pas

la Nation, leur accorde cependant un pouvoir d'opposition, presque égal à celui du Parlement d'Angleterre; la transcription faite sur les registres du Parlement, des Arrêts, Lois & Réglemens émanés de la Puissance royale, fut l'origine de l'enregistrement.

Les Parlemens prétendirent par la suite, que cette transcription sur leurs registres étoit une sanction nécessaire; & le Peuple s'habitua à croire qu'une Loi, qui n'étoit pas inscrite sur ces registres, manquoit d'un caractère essentiel & nécessaire à son exécution. Ce sentiment prévalut, sur-tout pour les Edits qui établissoient de nouveaux impôts, dont le Peuple étoit intéressé à s'affranchir. La puissance des Parlemens augmenta dans les temps de trouble, & le Parlement de Paris a plus fait qu'aucune Assemblée nationale; il a donné trois fois la régence, & cassé le testament de deux Rois. Ce même Parlement écrivoit de la manière la plus soumise au Connétable de Montmorency, en 1547; voici ses termes qu'on a peine à concilier avec l'usage où il s'est maintenu d'écrire *Monsieur* au Régent du Royaume, petit-fils de Louis XIII.

Notre très-honoré Seigneur, nous avons bien voulu vous avertir de ce que dessus, à ce que votre bon plaisir soit, l'ayant fait entendre au Roi, nous commander son bon vouloir.

Les Parlemens, & dans quelques circonstances

les Chambres des Comptes & les Cours des Aides,
ont opposé une courageuse résistance aux entreprises de l'autorité arbitraire, & ont été efficacement secondés dans cette lutte contre des Ministres
despotes, par les mœurs & les usages fortifiés de
l'opinion, qui a toujours eu un grand pouvoir en
France. La plupart des autres pays sont soumis au
pouvoir militaire, ou au régime féodal ; & dans
une grande partie, il n'y a eu pendant long-temps
que des Nobles & des serfs. Les degrés de la
hiérarchie dans ces pays sont peu nombreux, tandis qu'il y avoit en France une multitude d'éche-
lons, qui, de proche en proche, s'élevoient jusqu'au rang suprême. Des intérêts contraires en
apparence, & des conditions, qui différoient par
des nuances plus ou moins sensibles, se combattoient
perpétuellement, & formoient un équilibre résul-
tant de mouvemens déterminés en sens contraires.

Le Parlement de Paris étoit depuis plusieurs
siècles formé des Pairs ecclésiastiques & séculiers,
& de Magistrats qui achetoient leurs charges. Ceux
des provinces, institués par les Rois, jouissoient
des mêmes prérogatives, & les Pairs y avoient
également séance. Les Pairs ne siégeoient au Parlement, que lorsqu'il s'agissoit de leurs intérêts,
ou qu'ils y étoient convoqués par le Roi, ou in-
vités par le Parlement à y venir prendre séance,
dans des circonstances où il vouloit se fortifier de

leur

leur préfence & de leur avis ; fouvent ils recevoient des ordres du Roi pour ne pas s'y rendre. Il faut obferver que plufieurs Rois ont affifté en perfonne aux procès criminels des Pairs ; & la Chambre ou Cour des Pairs, étoit par-tout où il plaifoit au Roi de les convoquer, & non pas dans le Parlement de Paris, exclufivement à tout autre lieu. Le Parlement eft convenu, dans le quinzième fiècle, qu'il n'avoit que le droit de juger les procès, & non de connoître des *affaires de Finances*, *du Gouvernement* & de la *Guerre* ; mais dans les temps poftérieurs, il fut par le fait fubftitué aux anciens Etats-Généraux.

Souvent il fufpendit la marche de l'autorité arbitraire, & étaya la puiffance légitime & néceffaire du Souverain ; & l'on ne peut fe refufer à reconnoître, que la France & l'Etat ont les plus grandes obligations au Parlement de Paris & à ceux des provinces.

Le Parlement de Paris a été le défenfeur de la Loi falique & des droits de la Couronne, contre les entreprifes de la Cour de Rome. Attachés aux vieilles maximes, les Parlemens ont empêché, du temps de la Ligue, que la France ne fût démembrée ; & la Maifon royale leur doit la confervation de la Couronne. Les Parlemens, comme tous les grands Corps, étoient peu flexibles ; & ils avoient

F

cet affujettiffement aux formes, qui paffe pour de
la pédanterie, & eft cependant le plus sûr rempart
contre le changement & l'altération des principes.
Intermédiaires par le fait entre le Trône & les
Peuples, ils ont en plufieurs circonftances maintenu
l'un, & défendu les droits des autres, avec un
intégrité & un courage dignes des anciens Romains.

Il paroîtra fans doute étrange, qu'en achetant
une charge avec l'agrément du Roi, on devînt le
repréfentant de la Nation, le difpenfateur de la
Juftice, & le défenfeur des Peuples. Mais en exa-
minant attentivement les principes, & les effets
de la vénalité, on verra qu'elle n'étoit qu'un gage
de l'éducation & d'une fortune, qui préfervoit
de la dépendance des Grands, & des appas de
la corruption.

Les mœurs des Magiftrats étoient plus réglées que
celles des autres claffes. Ils étoient en général peu
inftruits des objets étrangers à la Jurifprudence; &
divers préjugés, par la nature même de ces Corps,
y demeuroient profondément enracinés. Conferva-
teurs par effence des Lois anciennes, ils devoient
être en garde contre les idées nouvelles, & fuivre
tardivement les progrès de l'efprit; un corps ne
peut pas fe mouvoir avec l'agilité d'un individu,
& marche toujours plus lentement. Mais la fageffe,
qui caractérifoit ces Corps, étoit préférable aux

foibles rayons d'une lumière, qui souvent égare,
en portant au-delà de la vérité.

Habitués à juger des procès, les objets de l'adminiftration étoient peu familiers aux Parlemens. Mais
l'éloquence & la pureté des intentions fuppléoient,
dans leurs remontrances, à la connoiffance des détails, qui leur manquoit.

On leur a quelquefois reproché de combattre,
pour le maintien de leur autorité & de leurs prérogatives, avec plus de force que pour les intérêts des Peuples; & cet attachement à fes privilèges
eft un trait caractériftique des corps, & de toute
affociation. On en a vu des exemples frappans
dans les corps religieux. Le temps étoit arrivé de
faire d'importans changemens dans l'adminiftration,
& l'anéantiffement d'anciens préjugés les rendoit
faciles. On étoit vivement frappé de la néceffité
d'établir des impôts, dont la perception fût moins
compliquée, moins difpendieufe, & de faire difparoître l'injufte inégalité de la répartition. Les
Parlemens, par défiance du Gouvernement, & par
affujettiffement aux anciens ufages, auroient oppofé quelquefois de la réfiftance à des plans fagement combinés. Mais un Gouvernement ferme,
économe & éclairé, auroit vaincu ces obftacles,
fubjugué tous les efprits par l'évidence & la pureté de fes intentions; enfin il eût déterminé ces

Corps, dont il auroit gagné la confiance, à feconder fes efforts. Les Lois civiles & criminelles
avoient également befoin d'être refondues, la fimplification étoit néceffaire pour les unes & pour les
autres, & l'humanité prefcrivoit l'adouciffement
ou la fuppreffion de Lois barbares, dont plufieurs
étoient puifées originairement dans le code religieux.

DE L'ADMINISTRATION.

———————

LA puissance exécutrice, ou l'Administration du Royaume, étoit confiée aux Ministres & aux Intendans des provinces ; les affaires qu'elle embrasse, étoient réparties entre quatre Secrétaires d'Etat. Les principaux Départemens étoient ceux de la Guerre, de la Marine & des Affaires étrangères.

La Maison du Roi, la police de Paris, les affaires du Clergé & celles des Protestans formoient un autre Département ; mais quelquefois ces objets étoient divisés & ajoutés à celui d'un Ministre en crédit. Les affaires générales des provinces étoient distribuées entre les Secrétaires d'Etat ; les conflits qui s'élevoient dans chaque province étoient portés devant le Secrétaire d'Etat, qui en avoit le département, & c'étoit par lui que le Roi faisoit connoître ses intentions aux Commandans, aux Intendans, aux Evêques & aux différens Corps ou Communautés. Le Ministre de la Guerre avoit, de droit par sa place, la direction de toutes les affaires des provinces frontières. Les quatre ou cinq Secrétaires d'Etat, car le nombre n'en étoit pas invariablement fixé, travailloient chaque semaine avec le Roi sur les affaires de leur Département ;

& quand il y avoit un premier Miniſtre, il aſſiſtoit à ce travail.

Les Finances étoient adminiſtrées par le Contrôleur-Général, depuis qu'il n'y avoit plus de Surintendant ; ce Miniſtre ne pouvoit jamais être comptable, parce que toutes les dépenſes, qui excédoient mille livres, étoient ordonnées par le Roi, & l'état en étoit ſigné de ſa main. Les détails de la Finance étoient confiés, ſous l'autorité du Contrôleur-Général, à un Magiſtrat qui avoit le titre d'Intendant des Finances, & travailloit avec ce Miniſtre, dont il n'étoit que le premier Commis avec un titre honorable. Ces places donnoient la première conſidération ; & ſouvent des Intendans des Finances ont préféré cet emploi ſtable & utile, au poſte orageux de Contrôleur-Général.

Le Chancelier de France étoit chef de tous les Tribunaux ; il étoit l'organe des volontés du Roi auprès des Cours de Juſtice, pouvoit mander chez lui les Secrétaires d'Etat, & préſidoit au Conſeil privé, compoſé des Conſeillers d'Etat & Maîtres des Requêtes. La dignité de Chancelier étoit la première, pour le rang & les prérogatives honorifiques. Il précédoit dans les Conſeils les Ducs & Pairs, ne terminoit jamais ſes lettres par le mot *Serviteur*, ne rendoit aucune viſite, & ne portoit le deuil de perſonne, étant cenſé repréſenter l'impaſſible Juſtice. Enfin le Chancelier jouiſſoit d'une prérogative bien plus précieuse que ces brillantes distinctions, il étoit le seul des Ministres qui fût inamovible ; il pouvoit être exilé, mais non destitué. Une place si importante par son objet, qui étoit l'administration de la Justice, & qui procuroit autant de distinctions honorables, ne donnoit pas un grand crédit à la Cour ; le Chancelier ne conférant aucun grand emploi, aucune place lucrative. Les empressemens étoient naturellement dirigés vers les Ministres des Finances, de la Guerre & de la Marine, qui avoient des moyens multipliés de procurer de grandes fortunes.

L'emploi de Garde-des-Sceaux étoit quelquefois joint à la charge de Chancelier ; mais le plus souvent il en étoit séparé, & le Garde-des-Sceaux jouissoit de tous les honneurs & prérogatives du Chancelier, à l'exception de *l'inamovibilité*. C'étoit un emploi de pure confiance ; & dès que le Roi n'avoit plus les services d'un Garde-des-Sceaux pour agréables, il lui envoyoit demander les Sceaux qu'il remettoit à un autre, & quelquefois il en exerçoit lui-même les fonctions.

. Il y avoit plusieurs Conseils distincts par l'objet qui s'y traitoit, & par les personnes qui les composoient. Le premier étoit le *Conseil d'Etat*, auquel assistoit, nécessairement & de droit, le seul Secrétaire d'Etat des Affaires étrangères ; les autres Membres de ce Conseil étoient ou des Secrétaires d'Etat, ou des Maréchaux de France, ou d'anciens Ambaffadeurs. Les affaires extérieures étoient feules difcutées dans ce Confeil; le Secrétaire d'Etat des Affaires étrangères en étoit le rapporteur, & y faifoit la lecture des dépêches des Ambaffadeurs. Les Membres de ce Confeil étoient appelés *Miniftres d'Etat*; le caractère, que conféroit ce titre, étoit indélébile. Il falloit chaque jour de Confeil être averti par le Roi, pour avoir droit de s'y rendre; & un Miniftre qui auroit été difgracié pendant vingt ans, n'avoit befoin pour y reparoître, que d'être averti, parce que ce titre étoit toujours cenfé fubfifter. Le Chancelier étoit rarement de ce Confeil, dont les objets étoient abfolument étrangers à fon miniftère; & comme le rang fupérieur que lui donnoit fa charge, fembloit lui accorder une prééminence, qu'il auroit pu, dans quelques circonftances, ne pas borner à la féance, fa dignité étoit un obftacle à fon ambition.

Le fecond Confeil étoit celui des *Dépêches*; il avoit pour objet les affaires de l'intérieur : & quelquefois on évoquoit à ce Confeil des affaires particulières, dont les Tribunaux fe trouvoient par-là dépouillés. Mais les évocations n'avoient lieu que lorfque ces affaires exigeoient par leur importance l'attention du Légiflateur, & que les queftions intéreffoient à-la-fois, & l'ordre judiciaire & l'adminiftration; le Chancelier & tous les Secrétaires d'Etat affiftoient à ce Confeil, & deux Confeillers d'Etat y avoient féance. Le troifieme Confeil étoit celui des Finances, dont le Contrôleur - Général étoit le Rapporteur, & le quatrième celui du Commerce. Des Confeillers d'Etat avoient féance à ces deux Confeils avec les Miniftres. Lorfqu'une affaire contentieufe, portée au Confeil des Dépêches, exigeoit de grands développemens, un Maître des Requêtes étoit nommé pour en faire le rapport devant le Roi.

.Un corps de Magiftrature, qui faifoit l'apprentiffage de la Jurifprudence dans les parlemens, étoit en quelque forte en oppofition avec ces compagnies, & particulièrement dévoué au Roi; c'étoit le Confeil privé, compofé de Confeillers d'Etat & de Maîtres des Requêtes. Ce Tribunal pouvoit être confidéré comme le gardien de la puiffance exécutrice; il étoit le Tribunal de révifion pour tous les Arrêts émanés des Cours, & dans lefquels les formes prefcrites par les Lois, étoient violées. Les Membres de ce Confeil, divifés en plufieurs Bureaux, étoient Juges d'Affaires contentieufes, relatives à l'Adminiftration. C'étoit parmi eux qu'on choififfoit les Commiffaires Départis ou Intendans des provinces, dans lefquels réfidoient en partie la force & la furveillance du Pouvoir exécutif. La diftribution des impôts leur étoit confiée, ainfi que le pouvoir d'en affurer la perception, & le

jugement de la plupart des différends qui en ré-
fultoient. Ils étoient chargés de la confection des
chemins & de plufieurs parties importantes de la
police, qui exigeoient de la célérité dans l'exécution. Ils furveilloient l'Adminiftration des villes,
& l'emploi de leurs deniers & tous les détails
économiques du fervice militaire. Le paiement &
le logement des troupes étoient encore confiés à
leurs foins. Le Gouvernement, par le moyen de
ces Magiftrats, avoit la plus exacte connoiffance
de tout ce qui fe paffoit dans les provinces. Leur
autorité étoit un frein oppofé aux entreprifes du
Pouvoir judiciaire, & aux abus du Pouvoir militaire, confié aux Commandans des troupes; les
Intendans revêtus d'une auffi grande autorité, néceffaire pour contre-balancer tous les autres Pouvoirs & maintenir la Puiffance royale, devoient
néceffairement exciter la jaloufie, & faire naître
divers conflits. On leur a fouvent reproché d'abufer de leur autorité, & d'ufer de dureté envers
les contribuables ; quelques - uns ont pu mériter
cette inculpation, & il n'eft point d'établiffement
qui ne comporte des abus. Sous l'Adminiftration
de Colbert, les Intendans ufoient avec rigueur &
defpotifme de leur pouvoir, & ils ne faifoient
que fuivre les impulfions & les ordres de cet
homme célèbre ; l'éclat de fon Adminiftration a
couvert fon odieufe fifcalité, mais fa correfpondance

offre des traits du p'us barbare defpotifme. Depuis long-temps les Intendans, dirigés par l'opinion publique, cherchoient plus à fe diftinguer par leurs ménagemens pour les Peuples & par des établiffemens utiles, que par leur afferviffement aux volontés miniftérielles. On trouveroit dans la correfpondance de la plupart de ces Magiftrats des plaidoyers éloquens en faveur des Peuples, étayés des connoiffances de détails, qui manquoient aux Parlemens. Les torts que l'on peut reprocher à plufieurs, ne font ni la corruption, ni l'abus de l'autórité : ils dérivent de la négligence & de la diffipation; & c'eft aux Miniftres des Finances qu'il faut s'en prendre à cet égard. Entraînés par le torrent des affaires du moment, occupés fans ceffe du crédit public, des emprunts, de la hauffe ou de la baiffe des effets royaux, ces Miniftres ne portoient pas toujours affez d'attention fur les provinces, fources de tout revenu. Ils ne furveilloient point affez l'Adminiftration des Intendans, n'excitoient point leur zèle, & la faveur trop fouvent l'emportoit pour le choix des fujets. Si l'on examine la diftribution des pouvoirs confiés par le Gouvernement, & les refforts qui le faifoient mouvoir, on fera forcé de convenir que la fageffe & l'expérience de plufieurs fiècles, avoient préfidé à la formation d'un ordre de chofes qui réuniffoit la célérité de l'expédition à un examen approfondi des objets, & que toutes les parties étoient éclairées par des autorités rivales qui s'oppofoient respectivement à la domination de chacune, & les contenoient dans leur fphère. Je ne dois pas omettre, en parlant de l'Adminiftration, de faire mention des refforts fecondaires qui affuroient & accéléroient le jeu des premiers, & pouvoient fuppléer leur action, de manière que rien ne fût fufpendu ou déréglé, par l'inaction des principaux refforts.

Il y avoit dans l'Adminiftration de la France, une force intérieure, qui luttoit contre la diffipation, l'ignorance & l'impéritie, & qui provenoit de l'application, de l'expérience & des lumières des Agens fubalternes du Gouvernement. On a dit, pour critiquer leur influence, que le Gouvernement François étoit *bureaucratique*. Mais dans le perpétuel changement de Miniftres, qui a fignalé les règnes de Louis XV & de Louis XVI, il étoit heureux pour l'Etat qu'il y eût des hommes permanens dans leurs poftes, & à portée de guider ces Miniftres éphémères, & de les prémunir contre la féduction des novateurs, l'enthousiafme & l'artifice des gens à projets. La machine de l'adminiftration avoit commencé à être organifée pendant le miniftère de Richelieu, & s'étoit perfectionnée fous Louvois & Colbert. L'efprit qui avoit animé ces deux Miniftres, les principes qu'ils s'étoient faits d'après l'expérience & leurs lumières, les

formes qu'ils avoient établies, compofoient un fyftême complet d'Adminiftration, qui eut en quelque
forte force de loi pour leurs fuccefleurs. Les chefs
des divers Bureaux, connus fous le nom de premiers Commis, pénétrés de fon efprit, habituoient
ceux qui étoient fous leurs ordres & devoient
leur fuccéder, à l'obfervance des formes, & aux
principes qui les avoient dictées. De-là réfultoit une
marche affurée & expéditive dans les affaires, qui
faifoit en partie le fuccès des Miniftres. L'habitude
de voir aller les chofes en quelque forte également fous chaque Miniftre, rendit le Roi moins
attentif dans leur choix; il ne s'appercevoit pas,
à la marche des affaires, du changement des perfonnes. Le Miniftre, nommé le famedi, fuivoit,
le dimanche au travail du Roi, le fil des affaires,
en difcutoit les plus petits détails, parloit des chofes
& des perfonnes, comme s'il eût été en place depuis un an.

Cet attachement aux formes établies fous Louis XIV,
& aux maximes de Miniftres célèbres, fe foutint jufqu'à Meffieurs d'Argenfon & Machault. Les chofes
changèrent à leur difgrace; on commença à s'écarter
des anciens ufages & des formes. La marche des
affaires à cette époque, fut moins affurée, & les
innovations fe multiplièrent; ce changement eut
pour principe l'élévation des Militaires & des Gens
de la Cour au Miniftère. Louis XIV avoit eu pour

maxime, de ne confier l'exercice du pouvoir qu'à des Magiſtrats dont l'ambition étoit circonſcrite néceſſairement dans une étroite ſphére , & que l'habitude du travail rendoit plus capables d'attention. Enfin les Magiſtrats ſans famille à la Cour , ſans entours puiſſans, avoient peu de moyens d'y former des intrigues. C'eſt à l'époque du miniſtère du Maréchal de Belle-iſle , & à celui du Duc de Choiſeul , qu'on voit les ordonnances ſe multiplier , la diſcipline s'altérer , & le Militaire ſe dégoûter d'un ſervice où il falloit ſans ceſſe apprendre & oublier. Les manœuvres , les uniformes , les principes de la diſcipline , les punitions , les moyens d'avancemens , les dénominations des emplois , tout changeoit à l'avènement de chaque Miniſtre ; cette variation de perſonnes & de principes ne diminua pas ſous Louis XVI , & a pu contribuer à aliéner l'eſprit des troupes. Mais du dégoût à l'infidélité l'eſpace eſt immenſe ; & des cauſes plus immédiates , plus déciſives , ont déterminé cette infidélité , ſans exemple dans la Monarchie françoiſe.

DE LA VÉNALITÉ
DES CHARGES.

La vénalité des charges paroît au premier aspect un des plus monstrueux abus, qui puissent être introduits dans un Etat. Quoi de plus révoltant que d'acheter le droit de rendre la Justice, celui d'examiner les états des Comptables, d'administrer le Royaume & de commander une Troupe militaire ? Quoi de plus décourageant pour les hommes nés avec des talens, que de ne pouvoir les exercer, si l'on n'a pas été, en naissant, favorisé des dons de la fortune ? Le résultat d'un tel ordre de choses semble devoir être, que des hommes, qui ont payé le droit de juger leurs semblables, s'indemniseront, par des prévarications, des sacrifices qu'ils ont faits ; que les Tribunaux seront composés des hommes les plus ignorans, qu'il s'y fera un honteux trafic de la Justice, que des Chefs, lâches & diffamés seront à la tête des Corps militaires, qu'enfin dans toutes les parties du corps politique règneront l'avidité & la corruption.

Un tel tableau est bien loin d'être vrai, & le mot de vénalité induit en erreur. Les places les plus enviées par l'ambition étoient celles de

Secrétaires d'Etat ; leur prix étoit de *cinq cents mille livres*. Les charges de Capitaines des Gardes-du-Corps & de premiers Gentils-hommes de la Chambre étoient fixées au même prix ; celle de Grand-Chambellan à douze cent mille livres. Mais résultoit-il de la vénalité de ces charges, qu'il fût facile à tout homme, qui avoit douze cent ou cinq cent mille livres, de les obtenir, & que celui, qui n'avoit pas cette somme, ne pût pas y prétendre ? En résultoit-il, qu'on admît parmi les Capitaines-des-Gardes & les premiers Gentils-hommes de la Chambre, des hommes sans naissance ? Ces places, malgré leur vénalité, étoient conférées uniquement à ceux que des circonstances, indépendantes de la fortune, & leur naissance mettoient en droit d'y prétendre ; parce que les émolumens de ces places surpassant le capital, il étoit indifférent qu'elles fussent vénales.

Il n'en étoit pas ainsi des offices de Magistrature, parce que les gages n'étant plus en proportion de leur prix, il falloit être assez riche pour supporter le sacrifice de l'intérêt annuel du capital, & pour vivre dans le monde d'une manière convenable au rang que conféroient ces charges. La richesse étoit nécessaire pour y parvenir, mais la plus grande richesse ne déterminoit aucune préférence. Il n'en falloit pas moins réunir les qualités convenables, avoir fait les études nécessaires, être parvenu à

certains

certains grades antécédens, & avoir une naiſſance honnête.

J'ai déjà eu occaſion de traiter cette même queſtion ; & comme je ne pourrois que répéter les mêmes raiſons, & qu'elles me ſemblent ſans réplique aux yeux de tout homme impartial, je vais rapporter ce que j'ai eu occaſion de dire à ce ſujet.

Trajan ayant ordonné que ceux qui aſpiroïent aux dignités, auroient au moins le tiers de leurs biens en fonds de terres, tous ceux qui prétendoient aux charges, achetèrent à l'envi des terres, & leur prix augmenta conſidérablement. Loi judicieuſe, qui veut que, pour gouverner la République, on s'intéreſſe à la République ; qui atteſte qu'il n'y a de véritable Citoyen que le poſſeſſeur de terres ; que celui-là ſeul, qui ſouffre de tous ſes maux, participe à tous ſes avantages. Les richeſſes ont été de tout temps un titre pour être appelé aux honneurs ; les Archontes étoient choiſis dans le nombre des plus riches Citoyens. On exige en Angleterre que les Membres du Parlement ayent une propriété, & elle n'eſt pas aſſez conſidérable dans les temps actuels. La progreſſion des richeſſes, l'augmentation des valeurs, exigeroient que l'on fît une nouvelle fixation à la fin de chaque ſiècle. Le même eſprit a dicté la même Loi à Rome & en Angleterre ; & toutes choſes égales d'ailleurs,

G

les terres doivent avoir par cette raison une valeur de plus en Angleterre.

La vénalité des charges a produit originairement
un grand mal; il a dû paroître scandaleux, absurde
dans les premiers temps, qu'on achetât le droit de
juger. La politique la plus éclairée ne pouvoit rien
cependant dicter de plus avantageux, pour les siècles
à-venir, que cet usage suggéré par le besoin, &
qui n'a pas été dans le moment sans inconvénient (1).

Il n'y a point de vénalité dans le fait, car on
ne peut pas à prix d'argent obtenir un emploi
de préférence à celui qui en a moins. Le prix que
coûtent les charges, n'est qu'un gage qui garantit,
que la fortune du juge le met au-dessus du besoin
& de la corruption, & qu'il est assez riche pour
se soutenir avec décence dans un état honorable.
Tel étoit le sentiment du Cardinal de Richelieu.
Cette vénalité a les mêmes effets que la Loi de

_____

(1) Montesquieu s'exprime d'une manière conforme à
mon sentiment : « Or dans une Monarchie où, quand les
» charges ne se vendroient pas par un réglement public,
» l'indigence ou l'avidité des courtisans les vendroit tout
» de même; le hazard donnera de meilleurs sujets que le
» choix du Prince ; enfin la manière de s'avancer par les
» richesses, inspire & entretient l'industrie, chose dont
» cette espèce de Gouvernement a grand besoin ».

Trajan, que celle d'Augufte, qui fixoit la fortune que devoit avoir un Sénateur, que celle d'Angleterre. Elle a produit un autre avantage pour l'Etat. En n'admettant que des gens riches dans les charges, le Roi a pu diminuer fucceffivement les gages, les réduire prefque à rien, & l'on s'eft trouvé fuffifamment payé par l'honneur & les prérogatives. Si les charges n'étoient point vénales, fi les fonctions de Juge étoient exercées par des gens peu aifés, les dépenfes de la Magiftrature abforberoient une partie des revenus de l'Etat.

Je ne parlerai point des charges de la Finance, & du nombre infini de charges de tout genre. L'abus n'étoit pas dans la vénalité des emplois divers, mais dans leur multiplication & leur inutilité. Le Contrôleur - Général Defmarêt ayant propofé au Roi, pour fubvenir aux dépenfes de la guerre, la création de plufieurs offices, Louis XIV frappé du peu d'importance de leurs fonctions, dit à fon Miniftre, qui eft - ce qui achetera ces charges? Votre Majefté, répondit Defmarêt, ignore une des plus belles prérogatives des Rois de France, qui eft que, lorfqu'un Roi *crée une charge, Dieu crée à l'inftant un fot pour l'acheter.*

L'abus de cette multiplication d'emplois étoit d'autant plus grand, qu'on avoit attribué à la plupart des exemptions qui ajoutoient à la charge des Peuples. Mais en balançant les avantages &

les inconvéniens, il eft, je crois, certain que cette manière de mettre à profit la vanité des hommes, a été plus favorable que nuifible à l'intérêt du Peuple, & que les charges ont été des moyens d'encouragement dans diverfes profeffions, par l'efpoir d'élévation qu'elles offroient aux familles du Tiers-Etat. Ces charges ont épargné au Peuple des impôts; & en les confidérant comme des emprunts, aucun n'a été moins coûteux. Si l'on fuppofe que le prix de toutes les charges s'élève à *fix cents millions*, qui n'ont pas coûté plus de deux pour cent d'intérêt, je demande quel moyen moins onéreux pouvoit être inventé, que celui de la vénalité, d'où eft réfulté une économie de plus de deux milliards, dans l'efpace de deux cents ans?

DES LETTRES DE CACHET.

L'ORIGINE des Lettres de cachet remonte à près de quatre cents ans. Les temps de troubles & les révoltes des Grands ont pu rendre nécessaires ces actes de l'autorité souveraine. L'amour du pouvoir, si commun à tous les hommes, a fait conserver à des Ministres, dans des temps calmes, cet usage. Il a servi quelquefois leurs passions ; il a favorisé la paresse effrayée de l'examen d'une affaire compliquée ; & de proche en proche tout ce qui tient à l'Administration, a regardé les Lettres de cachet comme un ressort actif & puissant du Gouvernement, comme un moyen réprimant, qui concouroit au maintien de l'ordre, quelquefois comme la sauvegarde des familles, souvent même comme un effet de l'indulgence du Prince.

Un pareil emploi de l'autorité, loin d'affermir la puissance, d'en rendre l'exercice plus facile, lui a souvent suscité des obstacles, & excité de violens orages.

L'emprisonnement de deux Conseillers au Parlement, Broussel & Blancmesnil, fit soulever le Peuple sous la régence d'Anne d'Autriche, & fut le principe des troubles qui agitèrent la minorité de Louis XIV. Un coup d'autorité entraîne quelquefois

la néceſſité de les multiplier à l'infini. Combien de querelles auroient été aſſoupies dans leur origine par le mépris, qui ont été animées & prolongées par l'intervention de l'autorité ?

C'eſt une choſe remarquable, & j'en ai déjà fait l'obſervation, que les querelles religieuſes ont été le principe de la plupart des exils & des empriſonne-mens. La fureur théologique & l'eſprit de ſecte n'ont point connu de bornes. Le fanatiſme eſt une des plus terribles maladies de l'eſprit humain ; & la vie & la liberté ne ſont rien aux yeux de l'enthou-ſiaſte, qui croit venger le ciel. Les perſécutions ſuſcitées à l'occaſion du janſéniſme en ſont la preuve convaincante. Une multitude de Citoyens fut pri-vée de la liberté par des actes d'autorité, & le janſéniſme pendant long-temps ne parut qu'en faire plus de progrès.

La philoſophie avoit vu couronner ſes efforts en faveur de l'humanité, par les progrès de l'eſ-prit de tolérance ; & à l'avènement de Louis XVI au Trône, il fit connoître ſon éloignement pour tout genre d'abus d'autorité. Un des premiers ob-jets qui fixa ſon attention, fut la liberté du Citoyen. Il avoit dans ſon Conſeil deux Miniſtres, portés par ſentimens & par principes à ſeconder ſes équita-tables diſpoſitions. M. de Malesherbes ayant été nommé Miniſtre, s'empreſſa, ſelon l'uſage, de faire auſſi-tôt la viſite des maiſons qui contenoient des prifonniers d'Etat. La prévention favorable, qu'on avoit pour ce vertueux Miniftre, a fait répandre qu'il en avoit délivré un nombre confidérable. Il m'a dit lui-même, avec la franchife qui le caractérifoit & lui faifoit repouffer les éloges, qui n'étoient pas mérités, qu'il n'en avoit fait fortir que deux. Cette circonftance prouve que les motifs de la détention des autres lui avoient paru fondés. Il propofa au Roi de me charger de faire un mémoire qui fixât, s'il étoit poffible, les cas où le maintien de l'ordre, le bien de l'Etat, celui même des familles, pouvoient déterminer le Souverain à s'élever au-deffus des formes judiciaires, pour priver un Citoyen de fa liberté. En expofant mon opinion fur une matière auffi délicate, je n'éprouvai aucun embarras, & c'eft faire l'éloge du Prince & de fes Miniftres.

Entraîné par fon zèle, M. de Malesherbes, pour bannir entièrement l'arbitraire des décifions qui émanoient du Souverain en pareilles circonftances, & écarter la furprife, crut devoir établir un Bureau, compofé de quelques Magiftrats, pour l'examen des demandes de Lettres de cachet. Une inftitution fondée fur des principes auffi purs, & dont les avantages ne fembloient pouvoir être conteftés, me parut très-dangereufe, & je ne lui cachai pas combien mon opinion différoit de la fienne. Je lui repréfentai que confacrer par une forme, légale en apparence, des actes essentiellement arbitraires, puisqu'ils n'avoient aucunes Lois pour principes, c'étoit fonder la plus formidable des tyrannies ; que plus les motifs qui avoient présidé à l'établissement du Bureau d'examen, étoient purs, & plus le danger qui en devoit résulter étoit à redouter. Un Ministère corrompu & oppresseur pouvoit faire un jour de ce Bureau le plus terrible Tribunal d'inquisition. Il est impossible, lui dis-je, que les Parlemens ne s'élèvent pas avant peu contre un Tribunal armé du plus grand pouvoir, & qui fonde son empire sur le mépris de la Loi. Ceux qui sont les victimes d'un acte d'autorité, surpris à la justice du Souverain, & ceux, qui ont mérité d'être momentanément privés de leur liberté, rentrent sans tache dans la société ; ils ont éprouvé une correction paternelle en quelque sorte, & n'ont pas subi un jugement. Mais dès que la punition émane d'un Tribunal ou Bureau, l'honneur se trouve compromis. Le ministère de M. de Malesherbes fut trop court pour produire le bien qu'on pouvoit en attendre. Plusieurs années après, la même question fut agitée, & l'un de ses successeurs écrivit aux Intendans des provinces, pour être instruit exactement des motifs de la détention de tous ceux qui étoient renfermés par des ordres souverains, & pour exciter la surveillance de tous les préposés sur les traitemens qu'ils éprouvoient. Cette occupation du Roi & des Miniftres, de reftreindre dans les plus étroites limites l'exercice d'une auto- rité dont il eft fi facile d'abufer, eft bien contraire à l'idée qu'on fe forme du Gouvernement françois, — à ce caractère de defpotifme, dont on, veut que fuffent empreints tous fes actes.

Lorfque le Peuple s'eft emparé de la Baftille, il a trouvé *quatre ou cinq prifonniers* dans cette fortereffe célèbre. L'un d'eux étoit fou, & les autres avoient commis des crimes avérés. Les archives de ce féjour ont été compulfées, & dans l'efpace de trois cents ans, le nombre des malheureux qui l'ont habité, ne monte qu'à trois cents.

. La vérité exige de dire qu'il exiftoit d'autres Châteaux, qui renfermoient auffi des prifonniers d'Etat, & que plufieurs Monaftères étoient employés au même ufage. La plupart de ceux qui étoient dé- tenus dans ces maifons, étoient des jeunes gens, que leurs parens avoient cru devoir fouftraire pour un temps à la fociété, pour arrêter le cours de leurs diffipations, & fouvent pour prévenir la févérité de la Juftice. Les Agens du Gouverne- ment ont quelquefois abufé de ce moyen répri- mant, & de légères fautes ont été expiées par des années de captivité; enfin des maris jaloux, des parens avides, des pères dénaturés, ont furpris aux Miniftres des ordres rigoureux fur de faux expofés. On trouveroit plufieurs exemples, fous le règne de Louis XV, de ces abus d'autorité, mais bien moins nombreux qu'on ne le penfe. Il n'en fut pas de même fous Louis XVI. L'indulgence a caractérifé fon règne, & les principes fur l'emploi de l'autorité avoient changé. Il n'eft point d'époque, où elle ait eu moins d'action ; & c'eft pendant ce règne, à jamais remarquable par l'indulgence, qu'on s'eft élevé contre l'autorité avec une violence, qui l'a enfevelie fous fes ruines, & qu'on s'eft porté à des excès, qui ne femblent devoir provenir que du défefpoir d'un Peuple opprimé. Au milieu des attentats de la Nation révoltée, le Monarque, loin de févir, s'eft occupé de reftreindre fon autorité. Il a craint les armes qu'il avoit en main, & ces armes émouffées de jour en jour par fa propre volonté, font enfin devenues inutiles pour fa défenfe. Dans cette lutte fanglante de la Royauté & de la Démocratie, on croit voir deux combattans, dont l'un bien fupérieur en force, fe contente de parer, &, ménageant fans ceffe la vie de fon adverfaire, finit par tomber fous les coups qu'il auroit pu prévenir.

DETTE PUBLIQUE.

LA dette publique de la France a été l'objet de grands débats ; & il faudroit, pour mettre le lecteur à même d'en avoir une idée précise, comparer, analyser plusieurs ouvrages contraires en faits ; ces détails seroient aujourd'hui sans intérêt. Je me bornerai à dire que la totalité des rentes viagères ou perpétuelles s'élevoit à-peu-près à deux cent quarante millions, & que l'article du viager montoit, en 1789, à *quatre-vingt-douze millions.*

Le fameux déficit est le seul objet intéressant à offrir au public, parce qu'il a été la première cause des troubles de la France.

Il étoit de deux sortes : une partie consistoit dans un excédent de rentes ou dépenses à acquitter chaque année, & il formoit un objet de cinquante-six millions.

L'autre partie consistoit dans la somme de cinq cent soixante millions, exigible à diverses époques, & dont la majeure partie devoit être acquittée dans l'espace de dix années.

Sous Henri IV, à son avènement au Trône, sous Louis XIV, à la paix des Pyrénées & à sa mort, la dette étoit plus forte dans la proportion de leurs revenus, & les reffources étoient bien moindres ; enfin une partie de la dette étoit viagère, & le temps offroit ainfi à la France la perfpective d'un immenfe héritage.

Les deux objets, dont j'ai parlé, formoient le déficit, dont l'Europe a retenti. Les moyens de combler cet abîme n'étoient pas auffi difficiles qu'on l'a fuppofé, mais exigeoient une fage combinaifon des reffources réunies, du crédit, de l'économie & de l'impôt. Enfin il étoit néceffaire que l'opinion d'un pouvoir étendu & durable fît avorter les intrigues contre le Miniftre, qui auroit entrepris cet important ouvrage. Le Roi remit en quelque forte fa toute-puiffance à l'Archevêque de Sens, mais il ne lui donna ni les lumières, ni le caractère néceffaires pour imaginer & appliquer les remèdes.

Le tableau que je viens de préfenter, n'eft indifférent pour aucune Nation ; les intérêts de l'Europe font effentiellement liés avec l'état des finances de la France, au moyen des rentes tant viagères que perpétuelles, poffédées par les capitaliftes de tous les pays. Dix milliards de fonds font hypothéqués fur le fol, le commerce & l'induftrie de l'Angleterre & de la France ; & les variations du crédit, la diminution de facultés de ces deux puiffances affectent l'Afie, l'Europe & l'Amérique, unies ainfi à ces deux Nations par les intérêts commerciaux. C'eft cette étroite union d'intérêt qui faifoit que le choix d'un Miniftre des Finances, en France & en Angleterre, étoit un évènement intéreffant pour toutes les Nations.

Je vais indiquer en peu de mots les reffources dont il étoit facile de faire ufage, & qui confiftoient dans des réformes économiques, 1°. telles que la diminution, fagement combinée, des fonds du Département de la marine & de la guerre, les réformes d'emplois inutiles de la Maifon du Roi, la fuppreffion d'une partie des bénéfices de la Finance, la réduction des frais que coûtoient les avances pour le fervice annuel, & celle des penfions & traitemens confidérables. Çes divers objets réunis auroient formé un enfemble de cinquante millions d'économie fur des dépenfes annuelles, & abforboient, par conféquent, une partie confidérable du trop fameux déficit :

2°. Dans l'affujettiffement des rentes viagères & de tous les Effets royaux au dixième, fupporté par les propriétaires ; cet objet auroit produit annuellement vingt-cinq millions :

3°. Dans l'établiffement d'un impôt, à titre de timbre, fur les objets de luxe, qui n'auroit point affecté la claffe indigente ; cet impôt auroit pu s'élever encore à vingt-cinq millions. Le rétabliffement du crédit étant un effet néceffaire des difpofitions économiques du Gouvernement, on doit croire que dans l'efpace de trois ou quatre ans,

on auroit pu faire des emprunts jufqu'à la con-
currence de quatre cents millions, qui auroient fervi
à acquitter la dette exigible. Cette partie embarraf-
fante du déficit auroit ainfi changé de nature, &
il n'y auroit eu qu'à pourvoir à l'intérêt de quatre
cents millions, formant vingt millions de rente,
auxquels les objets que j'ai indiqués, auroient fervi
d'hypothèque.

J'ai évalué à cinq cent foixante millions la dette
exigible ou arriérée, & les produits du timbre &
de l'affujettiffement des Effets publics au dixième,
à la fomme de cinquante millions. Les intérêts de
la fomme de quatre cents millions payés, il reftoit
encore trente millions par an, pour acquitter le
reftant de la dette exigible, montant à cent foixante
millions.

L'extinction progreffive du viager, qui s'élevoit
à feize cent mille francs par an, des améliorations
de détail & l'accroiffement du revenu, réfultat néceffaire de la paix & d'une fage adminiftration,
auroient, dans cinq à fix ans, augmenté la recette
de *douze millions*, & permis de diminuer d'autant
la charge des Peuples. Si l'on réfléchit à la fimpli-
cité de ces moyens & à la facilité de leur exécution, on fentira de plus en plus, que la plus étonnante fatalité à précipité la France dans l'abîme.

DES IMPOTS EN FRANCE,

AVANT LA RÉVOLUTION.

LES impôts en France étoient, comme dans tous les pays de l'Europe, de deux sortes, directs & indirects, c'est-à-dire, qu'ils consistoient en taxe sur les biens-fonds & les personnes, & en droits sur les consommations. Les premières taxes se montoient à la somme de deux cent dix millions, en comptant trois vingtièmes; & en comprenant les corvées, impôts fournis en nature, & tous les genres de droits perçus par les villes, les contributions s'élevoient à *à cinq cent quatre-vingt-cinq millions*. Les frais de perception se montoient à cinquante-huit millions, & formoient partie des cinq cent quatre-vingt-cinq millions, composant la contribution des Peuples.

En faisant la déduction des frais de recouvrement, des revenus des villes & des corvées, des frais de saisie & d'objets levés au profit des Princes, le revenu de l'Etat étoit de quatre cent soixante-trois millions, auxquels il faut ajouter le produit des domaines & forêts, qui n'a rien de commun avec les contributions; cet objet, qui étoit de neuf millions, porte les revenus de l'Etat à quatre cent soixante-douze.

L'inégale répartition de l'impôt en appefantiffoit le fardeau, & s'il eût été diftribué d'après l'évaluation jufte des fortunes, le poids en auroit été moins accablant. Mais en comparant les charges des Peuples dans les temps antérieurs, la richeffe actuelle du Royaume en numéraire, & la prodigieufe augmentation du commerce, il feroit facile de prouver que dans les temps anciens, le Peuple avoit plus de peine à en fupporter le fardeau, & qu'il n'y avoit pas autant de voies ouvertes à l'induftrie.

Les efprits étoient particulièrement occupés de la recherche du meilleur mode d'impofition, des combinaifons de fon équitable diftribution, & de la fimplification des recouvremens.

Le moment étoit arrivé de faire, à cet égard, les plus favorables changemens. Les efprits étoient mûrs pour cet important objet, & l'on auroit recueilli dans peu les fruits de l'attention du Gouvernement, qui cherchoit à s'éclairer pour fon propre intérêt.

Encore une fois, je ne prétends pas que le fort du contribuable en France fût heureux ; & je me borne à dire, qu'il a été bien plus malheureux dans d'autres temps, & que ce n'eft point le reffentiment de fa mifère & la jufte haine de l'oppreffion, qui l'ont fait intervenir dans la Révolution.

DES

DES GENS DE LETTRES

ET DE LEUR INFLUENCE

SOUS LE RÈGNE DE LOUIS XVI.

BAYLE a dit que le seizième siècle a produit un plus grand nombre de savans que le dix-septième, & qu'il s'en faut de beaucoup que le premier de ces deux siècles ait eu autant de lumières que l'autre. La réflexion de Bayle seroit plus juste, s'il avoit dit, que le dix-septième siècle l'a emporté par les *talens*. Ce sont les talens de l'esprit, bien plus que les lumières, qui distinguent ce siècle célèbre ; & l'esprit philosophique, principe & produit des lumières, est particulièrement l'apanage du siècle actuel. Il en caractérise toutes les productions & celles même, auxquelles par leur genre il paroît le plus étranger. Il n'est point d'homme d'esprit, qui, en lisant les vers suivans de la tragédie de la mort de César, & ignorant son auteur, n'affirme hardiment, qu'ils ne sont pas d'une pièce composée dans le siècle dernier.

> Va, César n'est qu'un homme, & je ne pense pas,
> Que le ciel de son sort, à ce point s'inquiette,
> D'animer pour lui seul la nature muette ;
> Et que les élémens paroissent confondus,
> Pour qu'un mortel ici respire un jour de plus,

H

Si le dix-huitième siècle l'emporte par les lumières sur le précédent, la balance est au moins égale pour les talens. Aux noms de Corneille, de Bossuet, de Racine & de Fénélon, on peut avec succès opposer ceux de Voltaire, de Montesquieu, des deux Rousseau & de Buffon. Mais deux choses sont à remarquer en faveur de ce siècle, qui lui assurent la prééminence pour les talens & les lumières. La première est l'application de l'esprit aux objets les plus intéressans pour la société. Le commerce, la culture, le crédit public, les manufactures ont, dans ce siècle, excité l'intérêt général; & l'économie politique a formé une science, approfondie par des hommes d'un grand mérite. La seconde circonstance, qui est à l'avantage de ce siècle, est le mérite distingué des écrivains de la seconde classe & leur nombre. Fontenelle, le Président Hénault, la Motte, Helvétius, Duclos, d'Alembert, ne peuvent être mis par la postérité au rang de Voltaire & de Montesquieu, mais forment cependant une classe d'écrivains estimables, qu'on chercheroit en vain dans le siècle précédent, après celle des premiers génies de ce temps. La plupart des écrivains qui ont vécu sous Louis XVI, n'appartiennent pas à ce règne trop court & si malheureux, & peu d'ouvrages remarquables ont paru à cette époque. Avec le règne de Louis XV, ou peu d'années après, ont disparu les hommes célèbres

qui l'avoient illuſtré. L'intrigue & la cabale mirent
dans les mains de d'Alembert, qui ſurvécut à Voltaire, le ſceptre de la Littérature. Tandis que perſonne ne liſoit ſes éloges, ſi remplis d'affectation
& de termes impropres ; ni ſon hiſtoire de la deſ-
truction des Jéſuites, ouvrage dans lequel la bouf-
fonnerie le diſpute à l'acharnement ; ni ſon éloge
de la Reine Chriſtine, ſi peu intéreſſant ; ni ſon
eſſai ſur les Gens de lettres, dicté par l'humeur &
la prévention ; tandis que tous les hommes inſtruits
mépriſoient ſes traductions de Tacite, d'Alembert
étoit le dictateur de la Littérature, & diſpoſoit de
toutes les places de l'Académie. Mais s'il a joui,
ſous Louis XVI particulièrement, d'une célébrité
uſurpée, on ne doit pas le compter au rang des
écrivains, qui ont pu illuſtrer ſon règne, tous ſes
ouvrages ayant paru ſous Louis XV.

Condorcet, qui s'eſt efforcé de ſuccéder à ſon
empire, appartient au ſiècle de Louis XVI, mais
il ne peut être cité parmi les grands écrivains.
Ses ouvrages, dont à peine on ſait les titres, n'ont
ni chaleur, ni profondeur ; ſon ſtyle eſt terne, ſec
& ſans mouvement. Quelques témérités contre la
religion, qui devroient être paſſées de mode, &
des déclamations triviales contre le deſpotiſme,
ont donné ſeules quelque vogue à ſes écrits.

L'Abbé de Lille, génie vraiment poétique, appartient au règne de Louis XVI. S'il fût né dans

un temps , où l'on eût été plus épris de la poéſie ; s'il eût compoſé , au lieu de traduire , s'il eût choiſi des ſujets intéreſſans , il auroit joui , à juſte titre , de la plus grande réputation.

Dans le très-petit nombre d'écrivains que leur âge peut faire inſcrire ſur la liſte de ceux du règne de Louis XVI, le Comte de Choiſeul-Gouffier eſt à diſtinguer ; & je ne ſais ſi , dans aucun ſiècle, on trouveroit un homme de ſon ordre , qui ait compoſé un ouvrage égal , pour le mérite , au voyage de la Grèce. Cet ouvrage réunit à la plus profonde connoiſſance de l'antiquité, un ſtyle agréable, varié & toujours conforme aux ſujets.

Les écrivains célèbres & nombreux du ſiècle de Louis XIV & du règne de Louis XV , qui ſe ſont exercés dans divers genres , ayant multiplié les tournures de la langue , & varié les formes du ſtyle , il ſemble que la langue ſe ſoit aſſouplie ſous leurs mains habiles, & que de-là ſoit réſulté une facilité générale de s'exprimer & d'écrire. Enfin une foule d'exemples en tout genre préſentent , en quelque ſorte à chaque écrivain , des aſſortimens tout préparés pour revêtir ſa penſée. Ces moyens ont encouragé à écrire, & le nombre des écrivains s'eſt multiplié à l'infini, ſous le règne de Louis XVI, mais il n'en eſt preſqu'aucun , qui ſe ſoit élevé à une certaine hauteur.

Un petit ouvrage , qui réunit l'eſprit , la grace

& l'enjouement, l'Almanac des Grands-Hommes, fait connoître le nombre infini d'hommes dominés en France par la manie d'écrire. On eſt étonné de la quantité de productions, depuis le madrigal juſqu'à la tragédie, qui paroiſſoient & diſparoiſſoient dans la capitale, comme ces inſectes qui naiſſent, vivent & meurent dans l'eſpace de vingt-quatre heures. Deux ouvrages remarquables ont paru ſous le règne de Louis XVI, le premier eſt l'Hiſtoire de la découverte des deux Indes, qui a obtenu le plus grand ſuccès, ſans donner une grande idée de ſon auteur, regardé comme l'éditeur des idées d'autrui. Cet ouvrage eſt fait de pièces de rapport & offre un bizarre aſſemblage de ſtyles divers, de principes rebattus, de déclamations ampoulées, & quelquefois des plus fades peintures de la volupté; enfin des ornemens de courtiſanne y déparent la grandeur du ſujet. Tel eſt le livre de l'Abbé Raynal ſur la découverte des deux Indes. On croit entendre, en le liſant, un charlatan monté ſur des trétaux, & débitant à la multitude effarée, des lieux communs contre le deſpotiſme & la religion, qui n'offrent rien de curieux que la hardieſſe. Ce livre a ceſſé d'être lu, pour n'être que conſulté comme dictionnaire. Mais dans peu, lorſque le temps & diverſes circonſtances auront apporté des changemens dans les Colonies, lorſque les unes auront décliné, les autres pris de l'accroiffement, l'Abbé Raynal ne fera d'aucune utilité.

L'autre ouvrage, le voyage du jeune Anacharfis, eft le fruit d'une application de plus de trente ans ; cette érudite compilation a pour modèles, la Cyropédie, Séthos (1) & les Voyages de Cyrus ; la forme, que l'auteur lui a donnée, exigeoit que le jeune Anacharfis, femblable en quelque forte à Télémaque, intéreſsât le lecteur. Mais l'ouvrage

---

(1) On peut ajouter à Séthos & à la Cyropédie, qui ont fervi de modèle à l'auteur d'Anacharfis, un ancien ouvrage, qui eft l'hiftoire des Dinofophiftes d'Athènes. Mais il en eft un autre qui a paru dans ce fiècle, & fur lequel femble calqué le Voyage d'Anacharfis : c'eft l'hiftoire des fept fages de la Grèce. Ils fe rencontrent à la Cour de Périandre, Roi de Corinthe, s'entretiennent de la religion, de la politique & des divers Gouvernemens de l'Afie ; ils parcourent plufieurs pays célèbres, ils vont à Scyros pour y voir Pythagore, de-là à Samos avec ce philofophe. Ils vont à la Cour de Polycrate, & enfin à Sardes auprès de Créfus.

Anacharfis, qui a été à la Chine voir Confucius, les trouve à Sardes, & leur fait le récit de fon voyage. Anacharfis eft un des principaux acteurs de ce roman hiftorique, qui renferme les détails les plus intéreſſans fur diverfes contrées de la Grèce, & les plus grands évènemens du temps. Cet ouvrage a été oublié, & ne méritoit pas de l'être :

Et habent fua fata libelli.

ne contient qu'une narration froide, uniforme & fans mouvement. Anacharfis fait des queftions, & on lui répond ; & c'eft en pure perte pour l'agrément du lecteur, que l'auteur a donné à fon ouvrage le cadre d'un roman. On ne peut le compter parmi les productions du génie : il ne renferme aucune vue profonde, ne préfente aucun grand réfultat, & le ftyle n'a point de caractère.

M. Necker eft à compter parmi les écrivains du règne de Louis XVI. Il a le premier confacré aux objets de l'Adminiftration la pompe de l'éloquence & les fleurs de l'imagination. Mais fes ouvrages, qui ont atteint le but de l'auteur, celui de faire une grande fenfation parmi les gens du monde, & de le porter à une grande place, font dénués de favoir & de doctrine. Le fuccès des ouvrages de M. Necker auroit fans doute encouragé en France les hommes en place à écrire fur l'adminiftration, & à développer une théorie faine, fortifiée de leur expérience ; enfin l'exemple de M. Necker auroit triomphé d'un préjugé qui interdifoit aux perfonnes appelées aux grandes places par leur naiffance & leur pofition, la publication de leurs idées.

Qui croiroit que dans la patrie des Corneille & des Montefquieu il exiftât un tel préjugé, digne des temps de barbarie ? & rien n'eft cependant plus vrai. La publication d'un ouvrage, en procurant une gloire littéraire à un homme du monde, jetoit une forte de ridicule fur lui parmi les gens de fon ordre. La fcience & l'efprit étoient encore en quelque forte roturiers ; & en fe rangeant parmi les écrivains , un homme d'un certain rang paroiffoit defcendre dans une claffe inférieure. La qualité d'écrivain étoit un obftacle prefque infurmontable dans la carrière de l'ambition (1). L'auteur de l'Efprit des Lois n'a pu obtenir une place médiocre dans les Affaires-Etrangères , à laquelle il afpira

---

(1) Le préjugé , qui interdifoit d'écrire à tout homme qui prétendoit à des places , étoit depuis long-temps enraciné ; on en trouve des preuves dans les lettres de Buffy-Rabutin , qui fe juftifie fans ceffe d'être auteur , & dit qu'il écrit en homme de qualité.

On lit dans ce recueil , des vers adreffés à cet homme, fi infatué de fa naiffance , de fes prétendus fervices & de fon efprit , qui confirment mon fentiment.

Le poëte lui dit :

Faut-il que le deftin t'ait fait naître en un rang,
Qui t'oblige à cacher ce merveilleux talent ?
Que nous foyions forcés , cherchant nos avantages,
De defirer ta mort , pour lire tes ouvrages.

La charmante converfation du père Canaie & du Maréchal d'Hocquincourt , eft de M. de Charleval ; & le Préfident de Ris , fon parent , ne l'avouoit pas , parce qu'il n'étoit pas convenable , difoit-il , à un homme de condition d'être auteur. Peu de gens favent que Mahomet , tragédie , qui a eu du fuccès , eft de M. Gayot , Subdélégué-général de l'Intendant d'Alface , enfuite Préteur de

quelque temps. Le Cardinal de Bernis a été souvent embarrassé de sa réputation littéraire, lorsqu'il fut dans la voie des honneurs. Les hommes en place étoient portés à supposer que le talent nécessaire pour composer, exigeoit une chaleur d'esprit, une domination de l'imagination, incompatibles avec la maturité de jugement nécessaire aux affaires.

L'élévation de d'Aguesseau ne contredit pas ce que j'avance ; il ne dut sa réputation qu'aux plaidoyers, qu'il composa pendant qu'il étoit Avocat-Général. Ce Magistrat, né avec le goût des Lettres, étoit plutôt disert qu'éloquent ; & s'il eût eu quelques étincelles du génie de Montesquieu, s'il eût

---

Strasbourg, & quelques années après, Intendant de la guerre ; il n'osa point la risquer sous son nom, crainte de porter atteinte à sa considération dans les affaires, & il la fit passer sous le nom de la Noue, acteur célèbre.

M. le Duc de Nivernois n'est pas une exception à ce que j'avance ; il a fait quelques vers, qui ont l'air de lui être en quelque sorte échappés, & qui sont des vers de société ; mais il n'a point fait imprimer un recueil de vers, ni des ouvrages suivis.

J'ai entendu M. le Duc de Choiseul dire, du ton le plus méprisant, à Madame la Maréchale de B.... en parlant de M. de Saint-Lambert, auteur du Poëme des Saisons, homme de condition & militaire : *Votre Poëte !*

M. Turgot avoit un talent marqué pour la poésie, comme je l'ai rapporté, & il eut soin d'en faire un secret, confié à un petit nombre d'amis.

ofé mettre en doute le Cartéfianifme , & examiner fi par hazard Newton n'avoit pas quelque raifon de croire à l'attraction & à la gravitation ; fi d'Aguef-feau eût écrit autre chofe que des difcours , & com-pofé des ouvrages dans lefquels il eût généralifé fes idées , jamais il ne feroit parvenu à la place de Chancelier. C'eft avec regret qu'on fe rappelle , qu'un Chancelier de France, célèbre par fon amour pour les Lettres , a dit de l'Efprit des Lois : *ce n'eft que de l'efprit fur les lois.*

C'eft par l'effet du préjugé, dont je viens de parler , qu'on compte un fi petit nombre de gens célèbres par l'efprit , dans les premiers rangs de la fociété , & prefque aucun parmi les Miniftres.

L'Angleterre offre un tableau bien oppofé. Un nombre confidérable de Miniftres , dans ce Gouver-nement , ont allié le talent des affaires au goût des Lettres & des fciences ; je citerai au hazard Sakville, Comte de Dorfet , Bacon , Thomas Morus , Claren-don Oxfort , Halifax , Addiffon , Bolingbrocke , Littleton ; enfin le Comte d'Effex , qu'on ne connoît en général que par fa préfomption , fa faveur & fon courage , étoit un homme d'un efprit cultivé, & il avoit pour la poéfie des talens, qui auroient fuffi pour l'illuftrer.

En parlant des écrivains du dix-huiième fiècle , il eft intéreffant d'examiner la part qu'ils ont pu avoir à la Révolution. Beaucoup de gens penfent

que la hardieffe des écrits a contribué au renver-
fement de la Monarchie, & elle n'a pas été fans
quelque influence.

Mais en y réfléchiffant attentivement, on voit
clairement qu'on a fort exagéré cette influence. S'il
y avoit eu une révolution en France il y a cent
ans, un hiftorien, en s'efforçant de remonter à fes
caufes, n'auroit-il pas pu dire avec une apparence
de raifon : « la jeuneffe recevoit, dès fes premières
» années, des impreffions contraires au Gouverne-
» ment ; on mettoit entre fes mains des ouvrages
» qui refpirent la haine de la royauté & l'amour
» le plus effréné de la liberté ; loin d'enfeigner aux
» jeunes gens l'hiftoire de leur pays, on ne gra-
» voit dans leur mémoire que celle des anciennes
» Républiques ; & en apprenant à penfer, ils de-
» voient apprendre à détefter la Monarchie. Dans
» l'âge, où les paffions ont le plus d'énergie, on
» les conduifoit aux tragédies de Corneille, qui
» font remplies des mêmes fentimens ; tout confpi-
» roit ainfi à leur faire aimer le Gouvernement
» républicain ». Un tel expofé feroit fpécieux &
ne préfenteroit rien de vrai, relativement aux effets.
Lorfqu'un grand évènement a lieu, il faut diftinguer ce qui eft caufe, principe, ou fimplement
occafion favorable. Un homme eft-il affaffiné chez
lui par un voleur, le principe de ce crime eft
l'avidité des richeffes, la caufe de l'évènement, le

voleur ; & fi la porte de la maifon fe trouve ouverte , elle a été l'occafion favorable à l'affaffin.
Les caufes véritables font celles fans lefquelles
l'évènement n'auroit point eu lieu, quelques circonftances qui euffent été raffemblées. Celles de la
Révolution fe réduifent à trois en France. *Les écrits*
& la conduite de M. Necker, qui ont enflammé les
efprits des gens du monde & du Peuple ; la trop
facile bonté du Roi, & l'Affemblée des Notables.
Supprimez l'une de ces caufes, ou fuppofez l'Affemblée des Notables produifant le bien qu'on en pouvoit attendre , & il n'y a pas de Révolution. Les
écrits de Voltaire ont certainement nui à la religion , & ébranlé la croyance dans un affez grand
nombre , mais ils n'ont aucun rapport avec les
affaires du Gouvernement , & font plus favorables
que contraires à la Monarchie. Les ouvrages de
Montefquieu font des apologies de la Monarchie ,
de la Nobleffe & des Parlemens. Le Contrat Social
de J.-J. Rouffeau renferme des idées conformes au
fyftême de liberté illimitée, qui a été adopté ; mais
ce livre profond & abftrait étoit peu lu , & entendu de bien peu de gens. L'Abbé de Mably eft
peut-être de tous les écrivains, celui qui a raffemblé le plus grand nombre d'argumens contraires
aux maximes depuis long-temps fuivies ; mais fes
ouvrages, fi pefamment écrits, avoient peu de vogue.
Il falloit , pour produire en France un grand effet,

favoir revêtir de formes attrayantes des fujets arides;
& Montefquieu doit en grande partie fes fuccès au
ftyle piquant, au tour ingénieux de fes penfées &
au choix des plus heureufes expreffions qui règnent
dans fes ouvrages ; c'eft quand la Révolution a été
entamée, qu'on a cherché dans Mably, dans Rouffeau, des armes pour foutenir le fyftême, vers lequel entraînoit l'effervefcence de quelques efprits
hardis. Mais ce ne font point les auteurs que j'ai
cités, qui ont enflammé les têtes ; M. Necker feul
a produit cet effet, & déterminé l'explofion.

CONCLUSION.

L'IMPARTIALITÉ a guidé mon pinceau dans la formation du tableau que je viens de tracer, & les Nations étrangères & la poftérité y trouveront le véritable état de la France, défiguré jufqu'ici par le menfonge & la paffion.

La France étoit un Gouvernement monarchique, & qui renfermoit par conféquent les abus dont ce Gouvernement, comme tout autre, eft fufceptible. L'hiftoire de tous les Empires & celle de foixante-fix Rois de France, offrent des Souverains belliqueux, politiques, voluptueux, dévots, foibles, braves, indolens, ignorans ou amis des arts. Elle offre enfin le tableau des divers tempéramens de l'homme; & il n'eft pas douteux que les vices & les vertus du Monarque n'influent fur le bonheur des Peuples & la fplendeur de l'Etat. Mais le calme, que la Royauté bien établie fait régner dans un vafte pays, eft un des plus grands avantages du Gouvernement monarchique. La puiffance royale eft un rocher, contre lequel fe brifent fans bruit les vagues impétueufes de l'ambition, & de-là réfulte le calme dans toutes les parties (1). Enfin,

_____

(1) Il ne faut pas chercher dans le pouvoir paternel le principe de la royauté; elle eft la fimplification des Gou-

en comparant les Gouvernemens, on verra que les prodigalités d'un Monarque font encore moins ruineufes pour les Peuples, que les élans ambitieux de l'effervefcence républicaine. J'en trouve la preuve dans la comparaifon de la dette Angloife avec celle de la France. Si cet empire eût été endetté en proportion de fa population, comparée à celle de l'Angleterre, la dette fe feroit élevée en France a plus de feize milliards & l'impôt auroit été doublé.

Je fais que le génie républicain a le caractère de la paffion, qui rend fupportables les plus grands facrifices. Mais fi le fentiment du mal eft en quelque forte allégé, les privations ne font pas moindres. On ne croira pas qu'il fût néceffaire de détruire de fond en comble l'édifice du Gouvernement français, fi l'on confidère que dans la révolution de douze fiècles, malgré les viciffitudes, qui réfultent de la diverfité des caractères dans ceux qui ont gouverné, cet État s'eft élevé au plus haut degré de fplendeur, de profpérité & de richeffe. La France a donné le ton à l'Europe entière ; elle a contribué à l'éclairer ; fa langue eft devenue univerfelle, & fes mœurs dominantes. Le defpotifme produit-il de pareils effets ? & ne doit-on pas convenir que, malgré les imperfections inhérentes à tous les ouvrages humains,

vernemens & le produit de la laffitude, que fait éprouver le partage de l'autorité.

le régime de la France étoit approprié au génie des Peuples, & qu'il favorifoit puiffamment fon effor? La domination des richeffes, & les effets qui en réfultent, lorfque rien ne leur fert de contrepoids, font à compter parmi les caufes de l'altération du Gouvernement. Il n'eft point d'ariftocratie, que la richeffe ne mine à la longue; & j'appelle ariftocratie, toute fupériorité dans l'ordre focial. Il étoit effentiel en France que chacun des ordres, qui conftituoit le Gouvernement, confervât fes rapports; & la multiplication des richeffes étoit contraire à leur durée.

Machiavel a dit qu'il falloit ramener *fouvent un Etat à fes premiers principes*, & cette maxime eft fort jufte. Ce n'eft point par fes vices qu'a péri le Gouvernement françois, mais parce que l'on a laiffé détendre fes refforts, & que l'amour du changement a fait adopter de nouvelles formes qui contrarioient le régime établi. Loin que l'on puiffe conclure de la chûte de l'ancien Gouvernement, qu'il étoit mal conftitué, on verra, fi l'on y réfléchit impartialement, qu'il ne s'eft précipité vers fa ruine, qu'en fe dénaturant.

Un Miniftre, qui auroit réfléchi fur la difpofition des efprits, n'auroit peut-être rien pu propofer de plus fage, plufieurs années avant la Révolution, que de prefcrire aux Grands du Royaume le rétabliffement de leur ancien fafte extérieur. Par une

suite

fuite de ce principe , la Cour auroit dû frapper par la pompe , qui l'avoit rendue autrefois fi im‑ pofante. Il étoit néceffaire de *ramener* , comme .dit Machiavel , *aux principes* , & de renforcer par con‑ féquent le prix des diftinctions que ne pouvoit ufurper la richeffe ; la conduite contraire a pro‑ duit l'effet qui devoit en réfulter. L'éclat de la Cour ayant diminué , & celui des Grands s'étant éteint entièrement , on s'eft familiarifé avec des idées d'égalité ; indifférentes d'abord aux Peuples , mais précieufes aux riches , qui croyoient n'avoir qu'à gagner dans l'établiffement d'un régime républicain. C'eft ainfi qu'après deux mille ans cet efprit de lu‑ mière , qui caractérife en partie le fiècle actuel , nous a ramenés à la *barbarie* des Grecs ; de ces Peuples fi fpirituels , fi volages , fi éclairés , fi ai‑ mables & fi cruels , qui , pendant long ‑ temps , n'ont fait que paffer du maffacre des Nobles à celui du Peuple ; qui ont donné l'exemple & des pri‑ fonniers tués de fang ‑ froid & du banniffement d'un nombre infini d'habitans & de fupplices or‑ donnés pour s'emparer des biens des victimes. Les François ont furpaffé leurs maîtres , parce que leur cruauté a eu un champ plus vafte pour s'exercer.

Dans un autre temps & chez un autre Peuple , les caufes qui ont déterminé la Révolution , auroient pu être fans effet ; le caractère des François a for‑ tifié ces caufes , & de quelques parcelles de feu a

I

formé un embrasement général. Imitateur par caractère, le François n'a jamais rien inventé; & s'il modifie & perfectionne les inventions des autres Peuples, souvent auffi il en force l'application. Une imagination vive & mobile le rend susceptible d'un prompt enthoufiasme, inspiré quelquefois par les plus frivoles objets. Animé par le courroux, il a la cruauté, qui est l'apanage de la foibleffe irritée. Incapable de s'arrêter, il va au-delà du but & corrompt les meilleures chofes. Le projet de la banque de Law, dont l'exécution, fagement conduite, auroit procuré les moyens d'acquitter une partie de la dette publique, est devenu entre les mains des François, qui ont forcé les moyens, outré leur action, un principe de calamité générale. Séduit, il y a cinq ans, par des idées de liberté, ce Peuple, pour me fervir d'une expreffion auffi jufte que frappante d'un Anglois, *a paffé au travers de la liberté.* Jules Céfar avoit bien connu le caractère des habitans des Gaules, lorfqu'il dit : *gens nimium ferox quàm quæ fit libera,* c'est une Nation trop féroce pour pouvoir être libre. Où les a conduits cette liberté, qu'ils ont eue en penfée ? A des cruautés fans exemple dans l'hiftoire, par leur continuité, par le fang-froid atroce qui les ordonne, fans en fixer le terme ; par la joie féroce de ceux qui les contemplent, ou l'engourdiffement de ceux qui les fouffrent en filence. Semblables aux compagnons d'Ulyſſe, ils voient enlever leurs voiſins pour être immolés, & attendent patiemment leur tour. Quelle carrière ouvre aux tyrans une Nation, qui ſe déshonore également, & par ce qu'elle fait & par ce qu'elle ſupporte, en leur montrant à quel point ils peuvent opprimer la nature humaine ! On a ſans ceſſe répété que cette Nation aimoit ſes Rois ; n'eſt-on pas fondé à croire qu'elle n'étoit qu'emportée, & qu'on a pris des mouvemens extrêmes pour des ſentimens profonds ? qu'elle étoit ſenſible, tandis qu'elle ne faiſoit que céder à des impreſſions paſſagères ?

Les plus grands ſcélérats, qu'on conduiſoit autrefois au ſupplice, obtenoient du Peuple quelque ſigne de commiſération ; mais les François prouvent aujourd'hui, que l'eſpèce humaine peut être dépravée au point d'être inſenſible aux plus affreux ſpectacles. Une plaiſanterie féroce, qui ſe joint à la cruauté, eſt un des traits caractériſtiques de ce Peuple, qui ſait allier la légèreté & la barbarie.

Les farces attelanes ne ſervoient point d'entr'actes à Rome, aux proſcriptions de Sylla & du tyran, ſurnommé Auguſte par la flatterie d'un Peuple dégradé. Les habitans de Paris paſſent du ſanglant ſpectacle du ſacrifice de trente victimes, à la repréſentation de tragédies, de comédies & de pièces éphémères, qui ſemblent être les produits de la gaieté d'un Peuple fatisfait & heureux. La froide difcuffion du mérite des auteurs, & des talens d'un danfeur, précède ou fuit chaque jour dans les journaux l'article des fupplices.

Il eft à remarquer que dans cette feule Nation règne une puiffance fuprême appelée *Mode*, elle tient fon empire de la légèreté qui adopte fans examen, de la vivacité de l'imagination qui s'attache promptement à un objet, & du penchant à l'imitation. Quand on a fuivi attentivement les progrès de la Révolution, on voit clairement que la mode, dans les commencemens, a tout mis en mouvement, & enfin déterminé les cruautés même. L'Abbé Maury fit une obfervation digne d'un philofophe, homme d'Etat, lorfqu'on propofa à l'Affemblée de fubftituer la *Guillotine* aux fupplices anciens : *Il eft à craindre*, dit-il, *que l'ufage de cet inftrument ne familiarife le Peuple avec l'effufion du fang.* L'évènement a juftifié fa prophétique conjecture ; la mode a influé fur cette multiplicité de condamnations arbitraires, tellement qu'il n'eft pas de fang affez noble pour être refpecté, qu'il n'en eft pas d'affez vil pour être méprifé. Elle a infpiré l'idée de faire un ufage exceffif & barbare d'un nouveau genre de mort, comme elle porte à multiplier les repréfentations d'une pièce nouvelle. Enfin, la mode élève le courage des malheureufes victimes de la tyrannie dans leurs derniers momens; elles subissent leur sort affreux, avec une intrépide sécurité, sans être animées par aucun des motifs sublimes qui font disparoître les horreurs de la mort. L'exemple, c'est-à-dire, la mode de mourir courageusement leur tient lieu & de la religion consolante & de cette ivresse que produisent les sentimens profonds. C'est en réfléchissant à la puissance de la mode sur les esprits François & à leur caractère enthousiaste, qu'on peut concevoir, comment des hommes, sans patriotisme ni vertu, ont agi en sens contraire de leurs propres intérêts; comment, trouvant leur avantage dans la conservation des abus, ils ont conspiré pour la convocation d'une Assemblée, qui devoit les proscrire; comment le Parlement a soudainement abandonné des droits fondés sur une possession de deux cents ans, & concouru à la demande de l'assemblée des Etats-Généraux, devant laquelle s'anéantit sa puissance; comment la ville de Versailles, peuplée uniquement des serviteurs du Roi, des Princes & des Grands, & si puissamment intéressée à la conservation de l'ancien régime, s'est élevée avec une aveugle fureur contre la Royauté; comment l'Armée qui, par essence est dévouée au Trône, & ne doit connoître qu'une passive obéissance, s'est laissé entraîner par l'effervescence générale, & a tourné contre le Prince les armes qu'elle

I 3

avoit recues de lui pour fa défenfe. J'ai prouvé que
le Gouvernement, loin d'être oppreffeur, étoit modéré & foible, & il me feroit encore plus facile
de démontrer que dans une capitale, amollie par
les délices de tout genre, dans une ville, où la
pureté des mœurs étoit un objet de raillerie, où
les cœurs étoient dévorés de la foif des richeffes,
l'amour de la liberté étoit auffi étranger que pouvoit l'être le luxe à Sparte. Je rougis, comme Français, d'attacher de fi grands & de fi terribles évènemens à un auffi frivole & ridicule principe ; mais
ceux qui connoiffent la Nation, qui l'ont vue s'enflammer pour des muficiens, menacer la vie de
J.-J. Rouffeau pour une différence de fentimens en
mufique, conviendront de la vérité de mon opinion ; ils trouveront dans la légèreté & l'ardeur
du génie françois tous les germes d'une Révolution, qu'on s'efforceroit en vain de trouver dans
'excès des abus. Cette légèreté fit profcrire autrefois par la Nation le Cardinal Mazarin : fa tête fut
mife à prix, les communes eurent ordre de le pour-
fuivre ; & dans un court efpace de temps le Parlement, qui l'avoit profcrit, vint lui rendre des
hommages, réfervés jufqu'alors aux Monarques.

Cette fatalité, à laquelle Tacite & les anciens
hiftoriens ont recours, pour expliquer les grands
évènemens, a été fenfible dans les premiers temps

de la Révolution, & l'on ne peut, fans étonnement, confidérer le concours fortuit (1) des circonftances propres à l'accélérer.

Si un politique fe plaifoit à raffembler dans fa penfée, les évènemens contraires à la durée d'un

---

(1) Je ne puis paffer fous filence une circonftance, qui caractérife cette fatalité, dont j'ai parlé. Le Régiment des Gardes Françoifes, difcipliné par le Maréchal de Biron, autant que peut l'être une troupe qui réfide dans la capitale, étoit plein de vénération & d'attachement pour fon chef. Le Maréchal étoit recommandable à leurs yeux, par une figure impofante, des manières chevalerefques, par fa magnificence & fa générofité, refpectable par fon grand âge & le long exercice du commandement de ce corps. Les Officiers avoient plus de bravoure que d'habitude du fervice militaire. Les Bas-Officiers, hommes éprouvés & intelligens, avoient une influence plus marquée que dans les autres corps. Le Maréchal de Biron meurt ; la Cour nomme, pour lui fuccéder, un homme dont l'extérieur n'avoit rien d'impofant, qui avoit encouru la malveillance des troupes par fa minutieufe économie, par une févérité quelquefois déplacée, par des principes abfolus d'uniformité, qui ne lui permettoient pas de diftinguer ce que les temps, les lieux, les perfonnes exigent de différence dans la pratique, & ce qu'une longue habitude mérite d'égards. Peu de jours après fa promotion à la place de Colonel des Gardes, le Duc du Châtelet infpectant, dans l'intérieur des Cafernes, la compagnie des grenadiers du quatrième bataillon, dit à haute voix : *il n'en eft pas un feul*

empire, que feroit-il, si ce n'est de supposer d'un
côté la foiblesse, l'ignorance des temps & des hommes, l'impéritie en affaires, l'oubli des principes
politiques & l'engourdissement des esprits ? D'autre
part l'ambition active, colorée du prétexte de l'humanité & offrant au public séduit la trompeuse
amorce de la liberté ; le Peuple autorisé à se choisir
des Représentans, & leur assemblée soumise à la
fougueuse influence des orateurs ; les moyens de
diriger les esprits & de profiter de leur ardeur,
réduits en système ; la subtilité du raisonnement
& le pathétique de l'éloquence, tour-à-tour employés avec art, pour séduire l'esprit par de spé-
cieux argumens, ou exciter de violens transports ;
enfin la hardiesse, sans cesse excitée par la foiblesse
de la résistance. Après avoir parlé des choses, il
me paroît nécessaire, pour completter le tableau,
de faire connoître les personnes ; & je vais tracer

ici, qui n'ait besoin d'être mis à l'école d'instruction du Régiment du Roi. On peut juger de l'effet de ces paroles impru-
dentes sur de vieux Sergens, distingués par leur zèle &
leur intelligence. Le Régiment des Gardes a manqué à la
fidélité, dans le moment le plus critique, & sa défection
a précipité la marche de la Révolution. Qui peut dire
quel eût été l'ascendant favorable d'un chef, comme le
Maréchal de Biron, & quelle a été la fatale influence
de son successeur, dans les terribles circonstances dont il
s'agit?

le caractère des Miniftres, qui ont gouverné pendant le règne de Louis XVI. Je commence par le Comte de Maurepas, dont le caractère, léger & infouciant, a contribué à détendre tous les refforts du Gouvernement. Je paffe enfuite à M. Necker, auquel il faut fouvent revenir, parce que, comme dit Cicéron, *on s'attache plus à la caufe des evènemens ; c'eft par ce principe,* dit-il, *que nos ancêtres ont regardé le jour de la bataille d'Allia comme plus funefte que celui de la prife de Rome, parce que ce dernier malheur fut la fuite du premier ; convaincu que c'étoit par la faute de Pompée, que nous étions tombés dans un état fi déplorable, je m'en prenois plus à lui qu'à Céfar.* Je ne compare pas M. Necker au grand Pompée, mais je vois en lui la caufe de tous les maux, comme Cicéron voyoit, dans ce grand-homme, celle des malheurs de fon temps.

Le Comte de Saint-Germain entroit naturellement dans le projet de faire connoître l'état de la France, confidérée dans tous fes rapports, parce que ce Miniftre, par les changemens qu'il a introduits dans la difcipline & la compofition de l'Armée, a fait naître le dégoût parmi les troupes, & préparé leur défection.

Le Cardinal de Brienne doit auffi avoir une place parmi les hommes qui ont caufé les malheurs de la France. Le Marquis de Pefay, aventurier politique, m'a auffi paru intéreffant à montrer fur la fcène,

parce qu'il eſt l'auteur de l'élévation de M. Necker.
J'ai cru devoir à ces portraits joindre celui de
M. Turgot, dont le zèle, quelquefois peu meſuré, a
contribué à exciter, parmi les eſprits, de la fermentation ſur les matières de l'Adminiſtration. Ce Miniſtre, quoiqu'il fût attaché invariablement au régime monarchique, a le premier ſubſtitué les rai-
ſonnemens à l'énoncé ſimple & précis des intentions
du Souverain. Les préambules des Edits, qui ont
paru ſous ſon miniſtère, ſont des diſſertations ſur
les objets auxquels ils s'appliquoient. Il invitoit,
par cette manière d'exprimer les volontés ſouveraines, les écrivains à la controverſe ſur l'Adminiſtration. Enfin, on peut reprocher à ce vertueux
Miniſtre l'eſprit de ſecte, toujours ſi fatal, ſoit qu'il
s'applique à la religion ou au Gouvernement. Le
portrait de Turgot ſert au reſte de contraſte à ceux
des autres Miniſtres que j'ai peints ; & ſes principes ſervent à faire connoître les progrès des lumières, dont les rayons, interceptés juſqu'alors par
la défiance & la routine aveugle, auroient dans peu
éclairé toutes les parties de l'Adminiſtration; Turgot
en ſeroit devenu le Deſcartes, ſi Maurepas n'eût
pas comprimé ſon eſſor, & s'il eût eu plus de ménagement pour les hommes & compoſé avec les
erreurs, plutôt que cherché à les déraciner de vive
force.

LE COMTE DE MAUREPAS.

Il n'eft que la France, où l'on ait vu les places de Miniftre héréditaires, & des jeunes gens fuccéder à leurs pères dans ces emplois importans. Le Secrétaire d'Etat Villeroy, qui a été cinquante-fix ans Miniftre, n'avoit guère plus de vingt ans, lorfqu'il fut revêtu de cette charge, qu'il a exercée fous quatre à cinq Rois. Un Loménie exerçoit la même charge, à feize ans, fous Henri IV. Louvois avoit vingt ans quand il fut adjoint à fon père. M. de Barbéfieux lui fuccéda fort jeune. Sous Louis XV, M. de Maurepas & M. de la Vrillière, fon coufin, ont été Secrétaires d'Etat à feize ou dix-fept ans. Une telle fingularité mérite d'être expliquée. Quand on fonge à la capacité néceffaire à un Miniftre, on porte naturellement fes regards fur un homme qui réunit l'expérience aux talens; mais il faut obferver que la place de Secrétaire d'Etat ne donnoit pas l'entrée au Confeil, & que dans les anciens temps elle ne donnoit point l'autorité, qui a été, fous Louis XIV, attribuée à ces charges. Dans les temps où il y avoit un Connétable qui jouiffoit d'un pouvoir abfolu fur le militaire, un Colonel-Général de l'Infanterie, qui nommoit à tous les emplois, & un Grand-Maître de l'Artillerie, le Secrétaire d'Etat de la guerre n'étoit, pour ainsi dire, qu'un expéditionnaire. L'activité & la connoissance des formes suffisoient pour un pareil emploi, qu'on exerçoit comme un métier ; & la besogne étant préparée par des Commis qui avoient de l'expérience, le Secrétaire d'Etat, avec un peu d'application, étoit bientôt initié aux affaires, qui n'étoient ni aussi nombreuses, ni aussi compliquées qu'elles l'ont été depuis. Louvois commença par être adjoint de son père qui avoit été long-temps en place, & qui le guida dans les commencemens. Louis XIV se plut à travailler avec un homme, qui étoit à-peu-près de son âge, & qu'il s'imagina ensuite avoir formé. Ce Monarque dans la suite crut, avec plus de raison, pouvoir instruire ou former ses Ministres, & cette idée le disposa à nommer Seignelay & Barbésieux à la place de Colbert & de Louvois. L'exemple de ces choix déterminèrent le Régent en faveur de M. de Maurepas & de M. de la Vrillière, qui comptoient neuf Secrétaires d'Etat dans leurs familles. Le Comte de Maurepas avoit la plus vive conception, une mémoire prodigieuse, beaucoup d'agrément & de gaieté dans l'esprit. Il fut Secrétaire d'Etat à l'âge de seize ans environ, & il eut successivement différens départemens. Il ne se distingua dans aucun, par ses vues ou ses opérations ; mais il s'acquit une grande

célébrité d'esprit, par des mots plaisans & heureux, & se fit remarquer au Conseil par la facilité
de son travail. Brouillé avec Madame de Chateau-
roux, il fut en butte à son ressentiment; & si elle
ne fût pas morte, sa disgrace étoit assurée. Elle
ne l'appeloit que le *Comte Faquinet*. Le Comte de
Maurepas avoit du goût pour les Lettres, & s'occupa avec une société intime de gens d'esprit, tels
que M. de Caylus & de Pontevêle, à la compo-
sition de quelques ouvrages frivoles, mais qui sont
pleins d'esprit & de gaieté. Il eut grande part à
un ouvrage de ce genre, appelé les Etrennes de
la Saint-Jean, & à des parades. Il ne put contenir
son génie, porté à la raillerie; & des plaisante-
ries, répétées contre Madame de Pompadour, &
un mauvais couplet de chanson, le firent disgra-
cier & exiler avec dureté. Chemin faisant, un
homme, qui ignoroit sa disgrace, s'approcha de lui
pour lui parler d'affaires. Permettez, Monseigneur,
que, quoique vous soyiez en route.... ah, Monsieur!
dites *en déroute*, répondit le Ministre. Il abondoit
en bon mots, en saillies. Il obtint dans la suite avec
peine de revenir à Paris, & il s'acquit, pendant
sa disgrace, une grande considération. Il s'appliqua
aux Belles-Lettres, étudia l'Anglois, & se rendit
l'arbitre des différends qui survenoient parmi les
gens considérables. Il aimoit à se mêler des affaires
de famille, à recevoir des confidences, à négocier

des mariages; ceux qui le confultoient, trouvoient en lui un confeil éclairé & les reffources d'un efprit fécond en moyens. Il connoiffoit toutes les familles de la Cour, les prérogatives de toutes les nuances, qui féparent les divers états de la fociété, ainfi que le ton du monde. Il preffentoit avec fagacité les effets d'une démarche, & avoit l'art de faifir les convenances fugitives du moment. Le Comte de Maurepas s'étoit fait ainfi une efpèce de miniftère, en devenant le confeil des perfonnes les plus confidérables. Quand on étoit embarraffé fur une démarche délicate à faire, on difoit, il faut en parler à M. *de Maurepas*, & il donnoit prefque toujours un bon confeil, & trouvoit des biais pour concilier les partis oppofés, ou fourniffoit des expédiens, auxquels on n'avoit pas fongé.

Le Dauphin étoit fenfible à l'efprit, & oppofé à Madame de Pompadour. Le Comte de Maurepas, qui étoit mal avec elle & homme d'efprit, avoit ainfi un double titre à fon eftime. Les fœurs du Dauphin partageoient les fentimens de leur frère pour ce Miniftre, & à la mort de Louis XV, elles déterminèrent fon rappel au Confeil. Il paroît que le Roi ne comptoit point lui donner l'exiftence d'un premier Miniftre; quelques perfonnes ont dit, que s'étant rendu à Choify pour faire des remercîmens au Roi, il lui exprima fa fenfibilité, de la confiance qu'il lui témoignoit en le faifant fon premier Miniftre,

& que le Roi lui ayant dit que ce n'étoit point
son intention, M. de Maurepas lui repliqua : *Votre
Majesté m'a donc appelé pour lui apprendre à s'en
passer.* Son âge & son expérience sembloient lui
assurer la part principale aux affaires ; mais tout
fut décidé par l'appartement qui avoit une com-
munication avec celui du Roi. Louis XVI prit l'habitude d'aller chez lui, & dès-lors il fut de fait
premier Ministre. On s'adressoit à lui pour tout ;
& comme il aimoit à se mêler de toutes les affaires & à causer, il recevoit bien tout le monde,
entroit dans le détail de la fortune & des projets
de tous ceux qui s'adressoient à lui. Son accès étoit
facile, ses gens humbles & modestement vêtus, il
n'avoit qu'un Secrétaire également modeste, & qu'on
connoissoit à peine. Insensiblement il amena les Ministres à lui porter tous les jours leur travail, avant
de se rendre chez le Roi, & à travailler avec lui
en sa présence. Désintéressé, il eut à peine cent
mille francs de traitement ; & comme il étoit riche
par lui-même, cette somme lui suffisoit pour tenir
un état honorable & sans faste. Le Comte de Maurepas avoit dans un âge avancé cette légèreté qui
est l'attribut de la jeunesse ; & dans les plus importantes affaires, il mêloit un ton de plaisanterie,
souvent nuisible à leur discussion. Les intérêts de
la France étoient pour lui circonscrits dans la sphère
étroite des jours qui lui restoient, & il n'auroit

pas entrepris quelque chose d'utile, dont le succès eût été éloigné. Porté, par amour pour la nouveauté, à favoriser tous les gens à projets, il leur accordoit toute l'attention qu'ils pouvoient exiger. Il y avoit en lui deux hommes, celui qui voyoit, & celui qui vouloit. Le premier étoit pénétrant, éclairé, & l'autre changeant & irrésolu. Personne, mieux que lui, n'avoit l'art de déconcerter une intrigue ; & l'expression de *déjouer* sembloit avoir été inventée pour définir le talent qu'il avoit de donner-le change & de faire avorter un dessein. Il étoit vindicatif, & son caractère n'avoit de suite que lorsqu'il haïssoit. Un trait, que je vais rapporter, peindra en peu de mots son mépris de l'opinion des hommes & des affaires. Le Marquis de Poyanne, Lieutenant-Général & ancien militaire, étant un jour à souper à côté de lui, cet Officier lui dit : M. le Comte, quel est ce jeune homme, qui est au bout de la table, & qui paroît être de la maison ? il est Militaire, à ce que je vois, & je suis surpris de ne pas le connoître. *Tant pis pour vous, lui dit M. de Maurepas, car c'est l'homme le plus important qu'il y ait en France. Il est l'amant de ma cousine *** qu'il gouverne ; ma cousine gouverne ma femme, laquelle me gouverne, & je gouverne la France.* Tout cela étoit exactement vrai ; & il parloit de lui, comme auroit pu faire un de ses ennemis.

Avec

Avec un tel caractère, il étoit impoſſible que le
Comte de Maurepas mît beaucoup d'importance aux
affaires , & qu'il eût un ſyſtême ſuivi. Le Gouvernement d'un grand royaume étoit pour lui un amuſement. Indifférent pour ce qui arriveroit après lui,
il plaçoit en quelque ſorte en viager la gloire &
la fortune de l'Etat.

Il voyoit, avec une grande ſagacité, les inconvéniens qui réſultoient de la préférence donnée par
la Reine à une vie privée ſur la Majeſté de la repréſentation royale ; mais ſa légèreté ne permettoit pas qu'il s'occupât d'y remédier. Il ſe conten-
toit de plaiſanter , quand il auroit pu contenir , par
de ſages conſeils & de graves remontrances. C'eſt
ainſi qu'un homme , qui avoit le génie & l'expérience néceſſaires pour le Gouvernement d'un grand
Empire , a laiſſé germer les principes de la plus
ſurprenante Révolution , qu'il auroit pu étouffer
dès l'origine.

K

M. TURGOT.

M. Turgot étoit d'une ancienne Nobleſſe, & qui remontoit au temps de l'antique chevalerie ; mais ſes pères, contre l'uſage, étoient entrés dans la Magiſtrature & avoient été revêtus de charges importantes. Ce Miniſtre avoit une figure belle & majeſtueuſe & des manières ſimples ; il rougiſſoit facilement, dès qu'il fixoit l'attention, & qu'il étoit en ſcène ; & l'embarras qui régnoit alors dans ſon maintien, pouvoit également être le produit de la timidité ou d'un amour-propre inquiet & ſuſceptible. Son abord étoit froid, & ſon viſage prenoit une expreſſion marquée de dédain, à l'inſtant que les perſonnes excitoient en lui ce ſentiment par leur caractère ou leurs opinions. Avide de connoiſſances & laborieux, il ne fut jamais diſtrait de l'étude par les plaiſirs, ni par le ſoin de ſa fortune. La ſcience de l'économie-politique occupoit les eſprits, lorſqu'il entra dans le monde ; & ſon application aux matières dont elle traite, le mit, en peu de temps, au nombre des perſonnes les plus inſtruites. M. Turgot fut regardé comme un des plus zélés partiſans de la liberté. Nommé à l'Intendance de Limoges, il ſe diſtingua par ſon zèle pour l'intérêt du Peuple ; occupé de le ſoulager, il ne trouva

rien de plus preſſant que la ſuppreſſion de la Corvée ;
ſon courage ſurmonta la réſiſtance du Gouvernement attaché à l'ancien uſage ; & l'ardeur de ſon
zèle, qui le faiſoit entrer dans tous les détails,
applanit toutes les difficultés. Les craintes malheu-
reuſement trop fondées du Peuple, inquiet de toute
innovation, ne furent pas un des moindres obſtacles
qui s'oppoſèrent à un projet, dicté par amour pour
ce même Peuple. Le ſuccès couronna cette géné-
reuſe entrepriſe ; le fardeau du Peuple fut diminué,
la claſſe indigente fut affranchie d'une tâche, qui
tenoit de la ſervitude ; & les chemins furent conſ-
truits avec moins de frais, plus de ſolidité & de
promptitude. Les ſoins de l'Adminiſtration n'empêchoient pas M. Turgot de ſe livrer aux Lettres
& à l'étude des ſciences exactes ; il compoſa pluſieurs articles pour l'Encyclopédie & un ouvrage
ſur l'Economie-politique, qui contient d'excellens
principes & qui eſt écrit avec une élégante ſimplicité ; il s'occupa auſſi d'un genre de poéſie qu'il
appela *métrique*, & qui conſiſte à faire en françois
des vers, ſcandés comme les vers latins. M. Turgot
traduiſit ainſi quelques églogues de Virgile, mais
la quantité n'eſt point aſſez marquée dans les mots
de la langue françoiſe, pour que ce rithme puiſſe
être adopté. M. Turgot avoit un talent ſupérieur
pour la poéſie, qui fut pendant ſa vie un ſecret,
révélé ſeulement à quelques amis intimes ; & ce

myftère fait l'éloge du caractère de M. Turgot ,
qui a fu réfifter aux tentations de l'amour-propre ,
toujours fi avide de jouiffance , même au dépens
du repos. C'eft après fa mort qu'on a fu qu'il étoit
l'auteur d'une pièce de vers fur le traité de Verfailles , dont le danger & les inconvéniens font
peints des plus fortes couleurs ; ces vers ont été
imprimés depuis , ainfi que d'autres attribués à
Voltaire dans le temps , & parmi lefquels fe trouvent
ces vers énergiques , contre le rapporteur de l'affaire de M. de Lally :

> Ses yeux , où la férocité
> Prête de l'ame à la ftupidité.

Tout le monde fait que c'eft auffi M. Turgot , qui
a fait ce vers fublime qui fert d'infcription au portrait de Francklin :

> *Eripuit cœlo fulmen fceptrumque tyrannis* (1).

A l'avènement du Roi au Trône , la voix publique
fut confultée pour le choix des Miniftres. M. Turgot
fut nommé Secrétaire d'Etat de la Marine , & fix

---

(1) Le vers de M. Turgot eft véritablement beau ; mais
en confidérant le fujet , il doit paroître extraordinaire que
ce Miniftre , l'un des plus zélés partifans de la Monarchie ,
ait caractérifé de tyran , un Monarque contre lequel s'étoit
révoltée une partie de fes fujets. C'eft ainfi que fouvent
la rencontre d'une penfée heureufe entraine un écrivain
à contredire fes propres fentimens.

femaines après, Miniftre des Finances. L'abolitioñ des droits fur les blés , & de toutes les entraves qui gênent l'induftrie & la liberté indéfinie du commerce des grains , fignalèrent le court efpace de fon adminiftration. Enfin la fuppreffion des cor-vées dans tout le Royaume , dont il s'étoit fi long-temps occupé , fut la dernière de fes opérations. Lé Clergé, la Nobleffe & les Parlemens s'élevèrent contre cet acte d'une bienfaifance éclairée. Le pre-mier Miniftre commençoit à être jaloux de l'afcen-dant que les lumières & la vertu procuroient à M. Turgot ; & loin de foutenir cet homme ver-tueux , il accueillit des réclamations dictées par l'intérêt & par d'aveugles préjugés. M. Turgot fut difgracié , & l'on peut lui appliquer ce vers :

> *Non homo pulfus erat, fed in uno pulfa poteftas*
> *virtutifque decus.*

M. Turgot n'avoit d'ennemis que ceux du bien public, & ne regretta de fa place , que le bien qu'il auroit pu y faire. Un mois avant fa difgrace, le Roi avoit dit : *il n'y a que M. Turgot & moi qui aimions le Peuple.* M. Turgot s'occupa, dans fa re-traite, des fciences & des lettres , & vécut au mi-lieu d'un petit cercle d'amis, dont l'attachement étoit un culte ; c'étoit être ami de la vertu, que d'être ami de M. Turgot. Il ne favoit point com-pofer avec les foibleffes des hommes , & encore moins avec le vice. Incapable d'art & de ménagement, il alloit droit à son but & n'avoit point assez d'égards pour l'amour-propre. M. Turgot agissoit comme un Chirurgien qui opère sur les cadavres, & ne songeoit pas qu'il opéroit sur des êtres sensibles. Il ne voyoit que les choses & ne s'occupoit point assez des personnes. Cette apparente dureté avoit pour principe la pureté de son ame, qui lui peignoit les hommes comme animés d'un égal désir du bien public, ou comme des frippons qui ne méritoient aucun ménagement. Lorsque son Edit sur les corvées fut signé du Roi, on l'engagea à dîner avec le premier Président du Parlement & quelques-uns des principaux Membres de ce Corps, dans l'idée de le mettre à portée de les disposer favorablement par des prévenances, qui, de la part d'un homme en place, avoient alors tant de poids : M. Turgot dit quelques paroles, d'un air froid & sentencieux. Un de ses amis voulant à plusieurs reprises l'engager à faire des avances & des politesses plus marquées, lui dit, c'est le moyen de faire passer votre Edit ; *si le Parlement veut le bien*, répondit M. Turgot, *il enregistrera l'Edit* ; & il continua à garder ses manières froides & réservées. L'austérité de caractère, qui ne lui permettoit pas d'user de souplesse & de ménagemens pour assurer le succès de ses opérations, a fait dire de lui, par opposition à l'Abbé Terray, *qu'il faisoit fort mal le bien*, *& l'Abbé fort bien le mal.*

La vertu la plus pure, des mœurs févères fans pédanterie, des connoiffances profondes dans l'Adminiftration, des talens qui feroient honneur à un homme de Lettres, un cœur fenfible à l'amitié, un amour paffionné pour le bien public & l'humanité, formoient l'affemblage des vertus & des qualités de ce Miniftre, que le Ciel, dans fa bonté, avoit accordé à la France & dont l'a privée fon mauvais deftin. Il mourut peu d'années après, laiffant une mémoire chère à quelques amis, & une réputation qui n'a fait que s'accroître avec le temps & à mefure que des fucceffeurs fans talens ou fans probité & nos malheurs ont fait connoître l'étendue de la perte qu'on avoit faite. S'il eût vécu, l'eftime générale, & non un efprit de cabale, l'opinion publique, & non cette effervefcence excitée & dirigée par des intrigans & d'aveugles enthoufiaftes, auroient fait peut-être rappeler ce Miniftre; & qui peut dire ce qu'auroit produit l'afcendant de la vertu? J'ai connu ce Miniftre, fans être fon ami particulier, & je me plais à rendre hommage à fon auftère probité & à fes lumières.

Tacite, en peignant Agricola, éprouvoit un fentiment de douceur & de plaifir; & après avoir peint le charlatanifme, l'hypocrifie politique & l'aveugle ambition, je fens, comme Tacite, une douce fatisfaction, un agréable délaffement de l'ame, en montrant la vertu dans tout fon jour.

LE COMTE DE S. GERMAIN.

LE Comte de Saint-Germain a joui d'une grande réputation militaire ; cependant il n'a jamais commandé en chef, il n'a point eu de fuccès éclatans. Il quitta le fervice de France par jaloufie , par humeur. Appelé en Dannemarck , pour préfider au Directoire de la guerre , il changea , bouleverfa toute la Conftitution. Forcé de fe retirer, la défiance naturelle de fon caractère lui fit préférer à des penfions une fomme d'argent comptant. Il la plaça fur des négocians qui lui firent banqueroute ; c'eft alors qu'il fe trouva réduit à la dernière mifère ; & un homme , qui avoit commandé dans de grandes provinces , qui avoit été Général, Miniftre, n'avoit pas fa fubfiftance affurée. Les Officiers Allemands , qui étoient au fervice de France , voulurent fe côtifer pour lui faire un fort. Le Miniftère de France crut devoir , par honneur en quelque forte, venir à fon fecours , & le Roi lui accorda une penfion de dix mille livres. Pour témoignage de fa reconnoiffance d'un pareil bienfait , il adreffa au Roi un mémoire fur la conftitution militaire. Des lieux communs fur la religion & la morale , dignes d'un Capucin ; des idées vagues , des phrafes tri-

viales fur la difcipline & des moyens tirés de la
conftitution allémande , fans aucune intelligence des
mœurs françoifes , de l'efprit national , de la cour;
voilà ce que contient ce mémoire. Au moment où
il fut envoyé , le Maréchal Dumuy venoit de mourir ; c'étoit un homme ferme , jufqu'à l'entêtement ,
vertueux , inftruit, qui avoit de l'efprit , mais une
tête étroite & remplie de préjugés religieux. Sa
réputation de vertu , fes connoiffances , l'amitié
du Dauphin pour lui , avoient déterminé la confiance du Roi & il avoit de l'afcendant fur fon
efprit. On chercha un homme qui ne fût pas à
portée d'acquérir un grand crédit, qui n'eût ni liaifon
ni parenté à la Cour ; un homme , qui fût ifolé,
qui ne fût attaché à aucun parti , & qui , par fes
talens, juftifiât cependant le choix qu'on feroit de
lui. Le Comte de Saint-Germain rempliffoit en apparence tous ces objets ; il venoit de faire un mémoire fur le Militaire , qui , d'après fon nom , fut
jugé excellent ; & un Abbé Dubois fut dépêché
à Lauterbach pour lui annoncer qu'il étoit Miniftre
de la Guerre. Jamais révolution plus complette ne
fut éprouvée. De la mifère il paffoit à la richeffe ,
de l'anéantiffement au plus grand pouvoir. Arrivé
à Fontainebleau , il y reçut l'accueil le plus flatteur ;
l'enthoufiafme public fe joignit aux hommages des
courtifans. Sa célébrité , fes malheurs , fa réputa-

tion d'esprit donnoient l'opinion la plus avantageuse de son ministère ; on le voyoit déjà, après avoir formé un Militaire, le commander à la guerre, & réunir les talens de Louvois & de Turenne. Mais le Ministère est une pierre de touche pour les talens & le caractère. Sa réputation fut bientôt comme l'existence de l'impie.

J'ai passé & il n'étoit déjà plus.

Il donna des projets sans les avoir médités (1), il

---

(1) M. de Saint-Germain réforma les Mousquetaires, les Gendarmes, les Chevau-légers, parce que, trompé par la magnificence de leurs habits & la beauté des chevaux, il supposa que ces troupes étoient très-dispendieuses. Il ne daigna pas s'en informer, & il apprit, lorsque leur destruction fut consommée, que chacun d'eux ne recevoit du Roi que quarante sols par jour environ, pour s'entretenir de chevaux & d'habits & pour leur paye ; & que par conséquent il n'y avoit pas de Régiment de cavalerie, dont l'entretien ne fût plus coûteux.

Il fit une réforme bizarre dans les Gardes-du-Corps, par un esprit d'économie, & le résultat fut une augmentation de dépense de trois cent trente-six mille livres.

Il blâmoit la constitution de la Gendarmerie, & augmenta sans mesure les abus dont il se plaignoit, par une ordonnance qui donnoit à tous les Gendarmes le rang de Lieutenant.

J'ai dit qu'il étoit haineux & vindicatif, & je vais rap-

tion d'efprit donnoient l'opinion la plus avantageufe de fon miniftère ; on le voyoit déjà, après avoir formé un Militaire, le commander à la guerre, & réunir les talens de Louvois & de Turenne. Mais le Miniftère eft une pierre de touche pour les talens & le caractère. Sa réputation fut bientôt comme l'exiftence de l'impie.

J'ai paffé & il n'étoit déjà plus.

Il donna des projets fans les avoir médités (1), il

(1) M. de Saint-Germain réforma les Moufquetaires, les Gendarmes, les Chevau-légers, parce que, trompé par la magnificence de leurs habits & la beauté des chevaux, il fuppofa que ces troupes étoient très-difpendieufes. Il ne daigna pas s'en informer, & il apprit, lorfque leur deftruction fut confommée, que chacun d'eux ne recevoit du Roi que quarante fols par jour environ, pour s'entretenir de chevaux & d'habits & pour leur paye ; & que par conféquent il n'y avoit pas de Régiment de cavalerie, dont l'entretien ne fût plus coûteux.

Il fit une réforme bizarre dans les Gardes-du-Corps, par un efprit d'économie, & le réfultat fut une augmentation de dépenfe de trois cent trente-fix mille livres.

Il blâmoit la conftitution de la Gendarmerie, & augmenta fans mefure les abus dont il fe plaignoit, par une ordonnance qui donnoit à tous les Gendarmes le rang de Lieutenant.

J'ai dit qu'il étoit haineux & vindicatif, & je vais rap-

les exécuta avec précipitation ; il écouta tous les
gens, qui s'empreſſent d'arracher la confiance d'un
Miniſtre & trafiquent de leur accès.

___

porter un trait qui caractériſe & ſon eſprit vindicatif &
ſon injuſtice.

Je fus appelé un jour par lui, pour diſcuter un plan
de réforme de l'Adminiſtration des Invalides : dans les différens articles de ſuppreſſion d'emplois, étoit celui d'Intendant des Invalides, exercé par M. de Chaumont. Le rapporteur motivoit cette ſuppreſſion ſur la néceſſité de ramener
l'Adminiſtration de cet hôtel à ſon inſtitution, & il articuloit
qu'il n'étoit point établi d'Intendant dans les Lettres patentes données par Louis XIV, qu'il n'y avoit qu'un
Directeur ; & qu'en rétabliſſant cette place, on ſe confor-
meroit aux intentions du fondateur. Je n'eus rien à répli-
quer, & l'Intendant fut rayé.

A peine étois - je rentré chez moi, que je vis arriver
M. de Chaumont, inſtruit de la ſuppreſſion de ſon emploi ; je lui en expliquai les motifs. Il me dit que c'étoit
une erreur de mots ; que ſon brevet, qu'il me montra,
ne portoit que le titre de *Directeur*, & que celui d'*Intendant*
ne lui avoit été donnè dans le monde que par un uſage
dont il ne connoiſſoit pas le principe ; qu'enfin il étoit
Directeur & devoit être conſervé, puiſque cette place ſub-
ſiſtoit. Ces raiſons étoient ſans replique, & je m'empreſſai
d'en rendre compte à M. le Comte de Saint-Germain, en
lui diſant que j'étois aſſez heureux pour l'empêcher de com-
mettre une injuſtice, qu'il ignoroit. Il perſiſta malgré mes
raiſons ou plutôt démonſtrations ; & preſſé par mes argumens ſans replique, il me dit que j'avois raiſon, mais qu'il

Il fit des ordonnances & y laiffa mettre des reftrictions qui les anéantiffoient ; il prétendit faire des économies & augmenta les dépenfes. Il affichoit dans fes difcours, l'héroïfme, la vertu, & il s'aviliffoit en fecret par des baffeffes (1). Il montra enfin tous les genres de foibleffes, excepté celles qui tiennent à un cœur fenfible. Après avoir fommairement expofé fa conduite, je vais tracer fon portrait. Le Comte de Saint-Germain avoit une phyfionomie fpirituelle & qui avoit plus de fineffe que de feu ; des manières polies & affectueufes, & qui avoient quelque chofe de l'hypocrifie & du jéfuite. Il avoit de l'efprit, mais fes qualités n'étoient ni l'étendue, ni la force, mais de la conception jufqu'à une certaine hauteur. Il avoit de l'agré-

---

vouloit deftituer M. de Chaumont, parce que c'étoit une créature du Duc de Choifeul, & qu'il lui avoit même prêté quatre cent mille livres. Je me contentai de lui montrer par mon filence profond, combien j'étois confterné de l'aveu naïf de fes iniques difpofitions.

(1) Tandis qu'il parloit de fa modération, de fon défintéreffement, il refufoit l'offre qu'on lui avoit faite de le meubler aux dépens du Roi, & demanda cent mille écus pour fon établiffement à la Cour. Le Miniftre des Finances trouva cette fomme exorbitante & lui fit des repréfentations ; mais M. de Saint-Germain infifta pour qu'elle lui fût comptée, & il économifa fur cette fomme quarante mille écus, qu'il plaça chez l'étranger.

tout ce qui ne lui étoit pas favorable, confiant, abandonné, pour communiquer tout ce qui flattoit son amour-propre. Il ne parloit jamais de ses craintes les plus fondées, de ses mauvais succès, n'avoit jamais recours au conseil de ses amis, dans les circonstances embarrassantes où il se trouvoit ; mais il auroit dit le secret de l'Etat, pour manifester une marque de confiance du Roi.

LE MARQUIS DE PESAÏ.

LORSQU'UN homme, par ſes intrigues, a déterminé de grands évènemens, il eſt intéreſſant d'en
parler, pour faire connoître les mœurs d'une Cour
& le caractère des perſonnes ſur leſquelles il a influé. M. Maſſon de Peſai étoit fils d'un premier
Commis des Finances, qui ne laiſſa qu'une très-
petite fortune. Il avoit deux enfans, une fille &
un garçon ; la fille fut mariée à M. de C****, elle
étoit d'une très-jolie figure, avoit de l'eſprit &
poſſédoit, au ſouverain degré, l'eſprit d'intrigue.
Madame de C.... trouva dans la galanterie des reſſources pour ſuppléer à la médiocrité de ſa fortune, & elle eut pour amans des perſonnes conſidérables. L'amour n'étoit pas le ſeul lien qui attachât
à Madame de C.... ; ſes amans mettoient à profit
ſes talens pour l'intrigue. Une femme, jolie & ſpiri-
tuelle, ſait pénétrer aiſément dans le cabinet des
Miniſtres & des Gens en place ; elle poſsède, tant
que dure ſa beauté, des moyens d'entraîner les
hommes & de les faire concourir à ſon but. Quand
elle avance en âge, les anciennes relations qu'elle
a ſu entreten r, lui ſont encore utiles ; ſon expérience ſert à l'éclairer ſur les foibles des hommes,
elle s'aſſocie à des femmes plus jeunes, s'empreſſe

d'être leur confidente & conserve encore de l'empire dans le monde, si elle joint de l'adresse & du manège à une activité soutenue. Telle étoit Madame de C....; elle a eu part aux plus grandes intrigues, sous le règne de Louis XV, & s'étant ensuite entièrement dévouée au Comte de Maillebois, qu'elle a suivi en Hollande, elle a été la confidente & l'instrument de ses projets. Son frère, M. Masson de Pesai, avoit de l'esprit, une figure agréable & du talent pour écrire en vers & en prose. Il débuta sous les auspices de sa sœur; &, pour ne pas laisser de trace de son origine bourgeoise, quitta le nom de Masson & se fit appeler le Marquis de *Pesai*. Il entra dans le Militaire, & sa sœur le mit à portée d'être connu de personnes considérables par leur rang & leur naissance, & le façonna de bonne heure à l'intrigue. Le Marquis de Pesai se livra à la Littérature & pour occuper ses loisirs & pour obtenir quelques succès dans le monde. Il devint l'ami intime de Dorat; & ces deux poètes, à l'exemple de Bachaumont & Chapelle, firent imprimer leurs vers en commun. Leurs poésies parurent avec tout le luxe de la typographie & de la gravure; c'étoient des épitres à Iris, des héroïdes, des vers sur des jouissances, sur des ruptures, dans lesquels les deux amis se croyant les Anacréons, les Ovides, les Catulles du siècle, parloient sans cesse de leurs bonnes fortunes; ils s'érigeoient en petits volages,

traitoient

traitoient les femmes tantôt avec tendreſſe, tantôt avec légèreté, & rappeloient ces vers du pauvre diable :

« Je célébrois les faveurs de Glycère,
» De qui jamais n'approcha ma misère ».

C'eſt dans une de leurs pièces que ſe trouve ce vers ridicule :

Il eſt paſſé le temps des cinq maîtreſſes.

Les peintures qu'ils préſentoient des mœurs de la capitale, étoient fades & outrées ; mais les au-teurs avoient quelque talent & une malheureuſe facilité (1).

Le Marquis de Peſai s'attacha au Comte de Mail-lebois, homme diſtingué par ſes talens militaires, ſes agrémens, ſon eſprit, ſes malheurs. Il ouvrit

_____

(1) Voici une anecdote certaine & qu'on tient du Che-valier de Bonnard, leur ami commun, faiſant comme eux des vers légers & poéſies fugitives. Un ſoir Dorat ren-trant tard pour coucher, trouva Peſai occupé à travailler à des matières d'Adminiſtration. « Que diable fais-tu là, » es-tu fou, dit Dorat, prends ton violon, fais un cou-» plet, & laiſſes-moi tout ce fatras. Mon ami, répond » Peſai, je veux être Lieutenant-Général & Miniſtre à » quarante ans, je n'ai pas de temps à perdre ». Il étoit en bon chemin, & il y fut arrivé s'il avoit eu plus de tête & n'eut pas été trop enivré de ſes premiers ſuccès. *Cette note n'eſt pas de l'Auteur.*

L

au Marquis de Pefai fes portefeuilles , remplis de
mémoires intéreffans fur diverfes opérations militaires , fur le génie & l'artillerie, la tactique &
la difcipline. M. de Pefai, né avec une conception
vive & le talent de profiter des connoiffances des
autres & de les préfenter avec clarté , profita de
ce moyen précieux de s'inftruire. Il mit en ordre
toutes les pièces relatives au Maréchal de Maillebois
& en compofa un ouvrage , qu'il fit imprimer fous
le titre de *Campagnes de Maillebois*. L'intrigue , le
bel efprit , le crédit de Madame de C.... & de fes
amis , foutenoient le Marquis de Pefai & lui procuroient des reffources paffagères ; mais il étoit
bien loin d'être même dans l'aifance , & il crut ,
à l'avènement du Roi au Trône, avoir trouvé le
moyen affuré d'une grande fortune. On annonçoit
Louis XVI comme un homme févère & occupé
uniquement du bien de fes Peuples. Le Marquis
de Pefai imagina qu'en adreffant au Roi des mémoires propres à feconder fes vues & des moyens
de foulager le Peuple , il fixeroit l'attention du Roi
& obtiendroit enfuite une part dans fa confiance,
qui le conduiroit à une place confidérable. Il écrivit
au Roi une lettre qui contenoit plufieurs avis intéreffans pour le moment , & dans laquelle il en
annonçoit d'autres , au cas que le Roi agréât qu'il
multipliât les témoignages de fon zèle. Il ne figna
point fon nom , mais il eut foin dans le même

temps de caufer, avec M. de Sartine, des objets renfermés dans fa lettre. Il étoit perfuadé que le Roi s'adrefferoit au Lieutenant de Police, pour découvrir l'auteur, & que celui-ci, d'après la converfation dont j'ai parlé, fixeroit fes idées fur lui, & le défigneroit fans qu'il fe fît connoître. La chofe arriva comme il l'avoit prévue ; le Roi montra la lettre à M. de Sartine, pour favoir celui qui l'avoit écrite ; & M. de Sartine, après l'avoir lue, fe reffouvint de fa converfation avec M. de Pefai. Les idées étoient les mêmes, & il n'héfita pas de dire au Roi que M. de Pefai devoit être l'auteur de la lettre. Le Roi en parla avec éloge à M. de Sartine, qui rendit un témoignage avantageux de l'auteur, & le repréfenta comme un homme d'efprit, qui avoit de l'inftruction & de la probité. Le Marquis de Pefai retourna chez M. de Sartine, afin de juger par fon accueil, de l'effet de fa lettre fur le Roi. Il connut promptement aux politeffes qu'on lui fit, à l'empreffement qu'on lui témoigna, à l'attention particulière qu'on prêta à fes difcours, que le Roi étoit favorablement difpofé pour lui. Il continua dès-lors à écrire au Roi, & ce fut d'après les fuggeftions du Marquis de Pefai, que le Roi fe détermina à renvoyer l'Abbé Terrai. Le Roi pendant quelque temps ne répondit point à fes lettres, & le Marquis de Pefai lui écrivit un jour, qu'il étoit inquiet de fon filence & defiroit être raffuré

pour continuer à lui foumettre les idées que lui
dictoit fon zèle ; il finiffoit par fupplier le Roi que
dans le cas où il approuveroit fa correfpondance,
il daignât, pour lui en donner la preuve, s'arrêter
un inftant à la troifième croifée d'une pièce, par
laquelle il paffoit pour aller à vêpres. Le marquis
de Pefai fe rendit, au jour fixé, à l'endroit dé-
figné, & vit avec fatisfaction le Roi s'arrêter devant la croifée. M. de Maurepas fut inftruit de cette
correfpondance, & accueillit avec diftinction le Marquis de Pefai. M. de Sartine, devenu Miniftre, lui
accorda un accès facile auprès de lui & le confulta
dans plufieurs circonftances. Le Marquis de Pefai,
qui avoit du talent pour écrire & une teinture de
favoir fur plufieurs objets de l'Adminiftration, compofa des mémoires relatifs aux affaires de ce temps ;
il s'adreffoit à des perfonnes inftruites pour acquérir
des connoiffances de détail & favoit faire ufage de
leurs idées avec habileté, les divifer, les claffer
& enfin les préfenter avec un art qui prévenoit en
fa faveur & lui faifoit fuppofer une grande capacité. Le Roi lifoit ces lettres avec intérêt ; le premier Miniftre de la Marine le confultoit, & tant
de difpofitions favorables lui offroient la perfpective d'une fortune brillante. Mais il falloit pourvoir
aux befoins du moment, trouver des reffources
pour fe foutenir dans un état décent, & éviter de

fe difcréditer en follicitant de petites graces pécuniaires. Le génie intrigant du Marquis de Pefai lui
infpira l'idée de s'adreffer à Necker, homme riche
& tourmenté d'une fecrète ambition ; il penfa,
qu'en lui offrant fon crédit pour fervir fes vues,
il obtiendroit en échange les fonds qui lui étoient
néceffaires. C'eft ici que le Marquis de Pefai de-
vient véritablement intéreffant ; c'eft en ce moment
que fes intrigues vont commencer à influer fur les
affaires , & qu'elles deviennent le principe de la
Révolution de la France.

Le Marquis de Pefai aimoit, comme je l'ai dit,
la Littérature & compofoit de petits vers ; il avoit
fait auffi un ouvrage , intitulé : *les Soirées helvé-*
tiennes , & , à titre de bel efprit , il étoit depuis
quelque temps admis dans la fociété de M. Necker,
qui cherchoit à fe faire un parti parmi les Gens
de Lettres, dont il reconnoiffoit la domination dans
la fociété. Madame Necker, efpèce d'érudite, qui
avoit eu befoin de s'inftruire pour fubfifter , avoit
fait de fa maifon un bureau d'efprit. Elle y dif-
fertoit pefamment ; mais fi elle n'avoit ni grace, ni
légèreté dans l'efprit , elle avoit beaucoup d'adreffe
pour l'intrigue ; elle favoit attirer à fon mari des
partifans, par fes empreffemens, fes louanges exa-
gérées & de petits fervices rendus à propos. Le
Marquis de Pefai fit confidence à M. Necker de

L 3

la correspondance qu'il avoit avec le Roi, & dès
ce moment la caisse du Banquier lui fut ouverte.
Peu de temps après, le Comte de Saint-Germain,
déserteur de l'Armée françoise, fut appelé au Ministère de la Guerre. Tous les gens sensés blâmèrent
un choix qui étoit d'un si mauvais exemple ; mais
le public frappé du spectacle inattendu que lui
offroit le rappel d'un général célèbre & malheureux, applaudit à son retour. Les troupes, péné-
trées d'estime pour le Comte de Saint-Germain,
furent charmées d'avoir pour Ministre un Militaire
qui s'étoit fait un grand nom à la guerre ; on croyoit
voir Cincinnatus quittant sa charrue pour commander une Armée. Il fut question d'établir un Conseil de guerre ; & parmi ceux qui s'étoient mis sur
les rangs pour être de ce Conseil, étoit le Prince
de Montbarrey. Sa femme étoit de la maison de
Mailly, & le Comte de Maurepas, qui tenoit à
cette maison par alliance & s'en faisoit honneur,
protégeoit le Prince de Montbarrey & lui avoit
promis une place dans le Conseil de guerre. Cet
établissement n'eut pas lieu, par les obstacles que
fit naître le nouveau Ministre, qui craignoit l'affoi-
blissement de son autorité. Le Prince de Montbarrey
sollicita alors la place de Directeur-Général de la
Guerre, & le Marquis de Pesai le servit efficacement, pour faire créer en sa faveur cet emploi.

L'horifon de fes projets devenoit de jour en jour plus vaste ; le Comte de Saint-Germain fe difcréditoit & ne pouvoit refter long-temps en place. Le Marquis de Pefai avoit imaginé de faire le Prince de Montbarrey, Directeur de la Guerre, afin de familiarifer le public avec fon élévation à la place de Secrétaire d'Etat de la Guerre ; par ce moyen il fe rendoit en quelque forte le maître du Département de la Guerre, & s'affuroit un prompt avancement dans le Militaire & des graces pécuniaires. Occupé de ce projet, il ne perdoit point de vue M. Necker, qui fondoit fur lui l'efpoir de fon élévation, & lui prodiguoit les plus folides marques de reconnoiffance. Necker à portée de fe procurer des renfeignemens fur l'état des Finances, compofa des mémoires propres à féduire le Roi & fon premier Miniftre par la perfpective des plus grandes reffources, & le Marquis de Pefai fe chargea de les faire parvenir au Roi : il y joignit une lettre, dans laquelle il expofoit qu'il s'étoit long-temps appliqué à plufieurs parties de l'Adminiftration, mais qu'il n'avoit fur les Finances que des notions imparfaites ; que defirant fe rendre utile au Roi & juftifier fa confiance, il s'étoit adreffé à l'homme le plus inftruit dans cette partie & qui connoiffoit à fond, par la théorie & l'expérience, les élémens & le mécanifme du crédit public. La lettre du

Marquis de Pefai & les mémoires de Necker furent communiqués au premier Miniftre, difpofé par caractère à adopter des idées nouvelles. Il commençoit à être inquiet du crédit de M. Turgot, & étoit bien-aife de fe ménager des reffources; il faifit avec empreffement cette occafion de s'affurer en fecret d'un homme éclairé dans les Finances, pour oppofer fes idées à celles de Turgot. Necker comprit fes intentions & s'appliqua dès-lors à critiquer fecrettement les opérations de Turgot & à le difcréditer dans le public. Le Marquis de Pefai envoyoit fes mémoires & préfentoit fans ceffe Necker comme un génie tranfcendant dans la partie des Finances. Des fervices auffi fignalés excitoient toute la reconnoiffance de Necker, qui trouvoit, dans fon immenfe fortune, des moyens de témoigner au Marquis de Pefai fa fenfibilité; il ne négligeoit aucun moyen d'entretenir ces favorables difpofitions : fa table, fon efprit, fon favoir, fa caiffe étoient aux ordres de Pefai; & la femme du Banquier, par fes careffes, fes empreffemens & fes louanges, tâchoit encore de rendre l'union plus intime. Le fuperbe Necker, enveloppé d'une redingotte, eft venu plufieurs fois attendre, chez M. de Pefai au fond de la remife d'un cabriolet, le moment où il devoit revenir de Verfailles. Quand on fonge que le même homme a fi fouvent parlé dans fes écrits de la noblesse de ses sentimens, de son mépris pour l'intrigue ; qu'il a tant de fois imprimé ces mots : *un homme de mon caractère*, & qu'on se le représente caché dans cette remise du cabriolet de Pesai, on se rappelle le bon Monsieur Tartuffe, tapi sous la table de Madame Argante.

Le Marquis de Pesai, suivant avec constance ses projets, trouva le moyen, dans l'espace d'une année à-peu-près, de faire nommer M. Necker, Ministre des Finances, & le Prince de Montbarrey, Secrétaire d'Etat de la Guerre. La bourse de Necker lui resta ouverte, & le cabinet du Ministre de la Guerre, ainsi que celui de la Marine, lui furent soumis. Il règnoit dans ces deux Départemens, dont les plus importantes affaires étoient quelquefois renvoyées à son examen ; mais il étoit bien loin de la considération. Sa vie passée, ses manières légères, ses petits vers, un vernis de fatuité répandu sur toute sa personne, ne permettoient pas de voir en lui, un homme appelé aux grandes places. Le crédit, toujours si envié, si considéré, étoit en lui un ridicule ; il fut ébloui de ses succès, enivré de sa faveur, & sa conduite peu circonspecte & ses indiscrétions lassèrent M. de Maurepas. On avoit créé pour lui un emploi d'Inspecteur-Général des côtes, qui auroit pu être exercé par un Maréchal de France, & son traitement annuel étoit porté à *soixante mille francs.* Il épousa une fille de qualité, belle, jeune & intéressante (Mademoiselle de Rouget), & paroissoit enfin être dans le chemin de la plus brillante fortune ; mais il avoit perdu son crédit par ses jactances & ses indiscrétions, & on fut bien aise de s'en débarrasser, en le faisant partir pour son Inspection. La rapidité de ses étonnans succès avoit porté le trouble dans sa tête foible & légère ; il agit, il parla dans les provinces par où il passa, en Ministre tout-puissant & impérieux, en Louvois, & excita des plaintes multipliées contre lui. Il écrivit une lettre insolente à l'Intendant de Bretagne, pour lui ordonner de se rendre auprès de lui ; cette lettre fut envoyée au Ministre, & il fut évident que le Marquis avoit perdu la tête. La perspective d'une disgrace prochaine lui causa une violente inquiétude, & il mourut presque subitement, le cœur serré de chagrin, laissant une veuve jeune & intéressante, à laquelle on accorda huit mille livres de pension (1).

---

(1) Il n'étoit pas encore mort, que des Agens de M. de Maurepas faisoient chez lui le dépouillement & l'enlèvement de toute sa Correspondance ministérielle & même royale ; car il avoit eu du Roi des réponses aux lettres qu'il lui avoit écrites, & l'auteur de cet ouvrage n'a pas su ou a oublié d'ajouter que le jour de l'anecdote de la croisée, il avoit suivi le Roi dans son cabinet & eu avec lui une première conversation devant M. de Maurepas. On

Telle eſt l'hiſtoire d'un petit-maître, poète & intrigant, qui, par de ſourdes manœuvres, porta au
Miniſtère un homme qui a fait le deſtin de la France;
& c'eſt dans ce rapport qu'il eſt intéreſſant à faire
connoître. Auſtère Sully, vertueux Turgot ! les Peſai
de votre temps n'ont point déterminé votre élévation.

_____

tient encore ce fait du Chevalier de Bonnard, ſon ami
intime, mort peu de temps après lui. *Cette note n'eſt pas de
l'Auteur.*

NECKER.

Necker, fils d'un Régent du Collége de Genève, vint à Paris pour y faire fortune ; il entra chez un Banquier, &, de commis de ses bureaux, il devint son associé. Sa fortune, dans l'espace de douze ou quinze ans, surpassa celle des plus fortes maisons de banque, & son incroyable rapidité suffiroit seule pour en rendre la source suspecte. Les faits viennent à l'appui des soupçons légitimes qu'elle fait naître. Des traités frauduleux avec la Compagnie des Indes & des spéculations sur les fonds anglois, au moment de la paix de 1763, dont il fut instruit à l'avance, sont les principes de cette étonnante fortune, évaluée à six millions par les calculs les plus modérés. Sa conduite avec la Compagnie des Indes est trop connue, pour en retracer ici le tableau ; mais une circonstance relative à l'affaire de ses spéculations en Angleterre, mérite d'être rapportée. Un premier Commis des Affaires-Etrangères, favori de M. le Duc de Praslin, avoit connoissance, par sa place & par la confiance du Ministre, du prochain succès des négociations pour la paix ; instruit avec certitude que les préliminaires étoient au moment d'être signés, il voulut mettre à profit cette connoissance & concerta son projet avec *Favier*, homme très - inftruit des affaires de l'Europe. Ils convinrent enfemble de faire part de la notion affurée qu'ils avoient de la paix, à un riche capitalifte en état de fournir des fonds pour acheter au plutôt des effets en Angleterre. Ces effets perdoient confidérablement, & il étoit évident qu'ils remonteroient infailliblement à la première nouvelle de la paix. Les profits de la négociation devoient être partagés entre celui qui fourniffoit les fonds & ceux qui donnoient l'avis important qui déterminoit l'entreprife & en affuroit le fuccès. On s'adreffa à Necker, qui fentit tout l'avantage du projet & fe chargea des achats ; on lui fit part enfuite d'un léger obftacle qui s'oppofoit à la paix, mais à l'arrivée du courrier fuivant, les affociés s'empreffèrent de l'inftruire de la levée de cet obftacle & de la certitude de la paix. Necker, dès le lendemain de leur première entrevue, avoit expédié pour Londres un courrier, chargé d'inftructions pour fes correfpondans, auxquels il marquoit de ne pas perdre un moment pour faire des achats confidérables de fonds anglois. Il s'étoit auffi engagé avec Favier & le premier Commis, à partager les bénéfices ; mais ils différèrent à mettre par écrit leurs conditions, & Necker, qui avoit eu le temps de faire fes réflexions & formé le projet de s'approprier en entier les bénéfices de la fpéculation, annonça alors à fes affociés qu'il avoit fait de nouvelles réflexions,

& que, quels que fuffent les motifs de croire à la
paix, elle pouvoit être retardée, & le retard l'expofer aux plus grands rifques. Il ajouta qu'il avoit
fait partir un fecond courrier, pour révoquer les
ordres qu'il avoit donnés, & faire revendre, à tout
prix, les effets achetés. Enfin, il fit valoir à fes
affociés, qu'il trompoit, la bonté qu'il avoit de ne
point leur faire partager la perte. Indignés de fon
effronterie, mais forcés au fecret, ils n'ofèrent
éclater, & fe contentèrent de faire fecrettement des
perquifitions à Londres. Le réfultat fut, que les effets
n'avoient été revendus, qu'après la nouvelle certaine & publique de la paix, & que la vente avoit
produit *quarante pour cent de bénéfice;* Necker s'af-
fura ainfi d'un gain immenfe. C'eft en trahiffant fes
affociés, que Necker parvint, en peu d'années, à
acquérir une grande fortune. La vanité commença
alors à balancer dans l'ame de Necker l'avidité. Il
fongea à s'élever à quelque place de l'Adminiftration; mais il ne porta pas fes vues pour le moment
par de-là l'emploi de premier Commis des Finances.
Impatient de fortir de la claffe des Banquiers, il
s'occupa d'acquérir une réputation littéraire, & la
circonftance lui offrit un fujet à traiter, favorable
à la fois & à fon ambition & au defir qu'il avoit
d'être compté parmi les Gens de Lettres. Il déve-
loppa dans l'éloge de Colbert, un grand appareil
de connoiffances fuperficielles, fur le crédit public

& le commerce, qui en impofa aux Académiciens, déjà difpofés en fa faveur, par fes prévenances & par l'afcendant que donnent les richeffes. Le dif-cours de Necker, écrit d'un ftyle incorrect & fou-vent obfcur, rempli d'expreffions impropres & emphatiques, fut couronné, & l'auteur dès-lors commença à fixer fur lui l'attention publique. Les intrigues de fa femme auprès des Grands, fes em-preffemens envers les Gens de Lettres, concoururent puiffamment auffi à répandre l'opinion du mérite de fon mari. La queftion de la liberté du com-merce des blés occupoit depuis plufieurs années les efprits; elle fixa plus particulièrement l'atten-tion, fous le miniftère de Turgot, partifan paffionné d'une liberté indéfinie. Un évènement extraordi-naire, & dont on n'a pu découvrir le principe, ajouta encore à l'intérêt de cette queftion. Un grand nombre de payfans attroupés s'étoient répandus dans les environs de la capitale & jufqu'à Verfailles, fous le prétexte de la cherté du pain & de la rareté des blés; ils pilloient les magafins, & des hommes, qui fe plaignoient de la rareté des blés, jetoient la farine dans la rivière. Ils paroiffoient plutôt fe pro-mener que fe révolter; ils fe tranfportoient paifi-blement d'un lieu à un autre, & indiquoient d'avance leur marche. Ces mouvemens manifeftoient un prin-cipe d'efferveſcence, qu'il étoit important au Gou-vernement de calmer; & c'eft dans cette circonftance que Necker crut devoir faire paroître un ouvrage sur la *légiflation des blés*, bien plus propre à enflammer les esprits, qu'à les éclairer. Les objets de l'économie politique n'avoient été jusques-là traités que par des hommes instruits, qui avoient plus songé au fond des choses, qu'à la manière de les présenter. Necker, peu versé dans cette science, imagina qu'en répandant les fleurs de l'éloquence sur une question si intéressante, il se feroit lire des Gens de Lettres, des Gens du Monde & des femmes ; & que celui qui auroit trouvé le moyen de les initier en quelque sorte à la science du Gouvernement, leur paroîtroit l'homme le plus éclairé. Son ouvrage, d'un style pompeux & oratoire, est rempli de principes généraux & d'idées vagues ; & il est facile de s'appercevoir que l'auteur s'est pénétré d'un écrit ingénieux & profond, intitulé : *Dialogues sur la liberté du commerce des blés*. Les idées de l'Abbé Galliani forment tout le savoir répandu dans l'ouvrage de M. Necker. Comme il ne se sentoit pas assez d'instruction pour embrasser un système déterminé & le développer ; enfin, comme il cherchoit principalement à faire sensation dans le public, & à se faire lire des personnes qui primoient dans la société, il eut soin de semer dans l'ouvrage quelques comparaisons brillantes, & d'y faire régner un ton sentimental, propre à donner l'opinion de son amour pour l'humanité. Il laissa la question indécise,

indécife, après avoir balancé le pour & le contre,
& il évita par cette conduite artificieufe, les at-
taques du parti auquel il fe feroit trouvé en bute,
s'il eût adopté nettement une opinion décidée. On
eft indigné, en lifant cet écrit, de voir un homme
qui ne cherche qu'à montrer de l'efprit & à augmenter l'incertitude fur l'objet le plus important à une
Nation agricole, & fe joue de la queftion pour faire
parade de fes forces, tandis que l'amour du vrai
& de l'humanité prefcrit à tout honnête homme le
devoir impérieux de remonter aux principes, &
d'éclairer, de toute la lumière de fon efprit, une
route ténébreufe.

L'écrit de Necker produifit l'effet qu'il en avoit
attendu; il eut un grand fuccès, fur-tout parmi
ceux qui étoient oppofés à Turgot, dont on re-
doutoit l'auftérité.

Necker fe déclaroit contre les principes abfolus,
& attaquoit ainfi indirectement l'opinion de Turgot
& des économiftes. Son ouvrage fut vanté par les
Gens de Lettres, & Necker commença à être an-
noncé comme un Légiflateur en Finance. Turgot
fut révolté contre un écrit dont il fentoit le danger, dans les circonftances critiques où fe trouvoient
la capitale & quelques provinces. Il fut indigné de
la mauvaife foi de M. Necker, qui avoit cherché
auparavant à gagner fa bienveillance, en feignant
d'être du même fentiment que lui; enfin, fon zèle

paſſionné pour l'intérêt public lui faiſoit voir, avec
une ſorte d'horreur, un homme qui, ſemblable à
un eſcamoteur, dont la dextérité fait paroître &
diſparoître une balle, ſembloit ſe jouer de l'humanité, en montrant la plus importante des queſtions,
tantôt ſous une face, tantôt ſous une autre. Un Miniſtre propoſa de faire mettre Necker à la Baſtille;
mais Turgot, quoique violemment irrité, fit céder
ſon reſſentiment à ſes inébranlables principes de
tolérance. Ce vertueux Miniſtre fut diſgracié, &
remplacé par un homme, qui ne vit dans cette grande
place, qu'un moyen de ſatisfaire ſon goût pour le
plaiſir, & dont on pouvoit dire avec Tacite. *Scortà*
& fœminas volvit animo & hæc principatûs præmia
putat. Necker qui commençoit à jouir de quelque
réputation, ſongea à profiter de la diſſipation où
vivoit le Miniſtre des Finances, pour ſe rendre néceſſaire. Ses liaiſons avec un intrigant, qui avoit
ſu ſe procurer une correſpondance directe avec le
Roi, le mirent à portée d'attirer ſur lui l'attention
du Roi & du premier Miniſtre. Il remit au Comte
de Maurepas des Mémoires ſur les affaires de la
Finance, dans leſquels il exagéroit les reſſources &
préſentoit la plus brillante image. Le premier Miniſtre, amateur de nouveautés, goûta ces moyens
ſans les approfondir, il propoſa en conſéquence de
confier à Necker la direction du Tréſor - Royal,
ainſi que les détails relatifs au crédit public & aux

emprunts. La fortune rapide de Necker, sa capacité préfumée, d'après ses succès personnels dans la banque, firent croire au Comte de Maurepas qu'il sauroit attirer au Tréfor-Royal l'argent des capitalistes françois & étrangers. L'inaplication de Clugny aux affaires étoit encore un motif déterminant de lui affocier un homme qui eût de l'expérience dans la partie des Finances, la plus intéreffante pour un Gouvernement, qui n'ofant fonder la profondeur du mal, n'avoit recours qu'à des palliatifs. Clugny vint à mourir dans ces circonftances, & Necker fut adjoint à fon fuccefleur, qui ne tarda pas d'être la victime de fon impatiente ambition. Parvenu au Miniftère, Necker ne s'occupa que des moyens d'éblouir le public & d'exciter l'enthoufiafme. Sans but, fans doctrine, ni fyftême, il ne fongea qu'à faire des opérations qui euffent de l'éclat. Infenfible à l'amour, à l'amitié, aux plaifirs de la fociété & dévoré d'une foif inextinguible d'applaudiffemens, les moyens de févérité ne coûtoient rien à fon efprit. Une baffe jaloufie de tous ceux à qui leur fortune procuroit quelque éclat, ajoutoit encore à l'auftérité de fes projets économiques; mais fon intérêt le faifoit céder aux perfonnes dont il pouvoit redouter le crédit à la Cour ou l'afcendant dans le grand monde. Il femble s'être peint lui-même, dans une phrafe de fon éloge de Colbert : *il fera femblable*, dit-il , *à ces héros de théâtre , que des batte-mens de mains excitent ou découragent.*

Preſſé par cet unique & impérieux beſoin de ſuccès & de louanges , il publia ſon *Compte rendu :* & cet acte de ſa vanité ambitieuſe , auquel le premier Miniſtre n'eut pas la force de s'oppoſer , ſera remarquable dans l'hiſtoire. Miniſtre du Roi , il ne devoit compte qu'à lui de l'état des Finances & de ſes opérations ; mais le ſuffrage du Monarque n'étoit pas ſuffiſant pour lui. Il voulut préſenter au public un tableau , fait avec art aux dépens de la vérité , bien aſſuré qu'en ſe ſoumettant à ce tribunal , il recueilleroit une ample moiſſon d'applaudiſſemens. Bientôt après il tenta , dans l'ivreſſe du ſuccès , de ſe prévaloir du ſuffrage public & aſpira à entrer au Conſeil. Le premier Miniſtre objecta à Necker ſa religion , & lui propoſa galamment *d'aller à la Meſſe.* Necker inſiſta , menaça de quitter ſa place , perſuadé que la crainte de le perdre l'emporteroit ſur le ſcrupule que faiſoit naître la différence de religion. Il fut la dupe de ſa préſomption , & on le laiſſa ſe retirer. Dès ce moment il y eut en France un parti animé contre le Gouvernement & déterminé à décrier toutes ſes opérations. Les gens inſtruits n'oſoient s'élever contre l'opinion de ce parti dominant ; ils jugeoient Necker comme la poſtérité le jugera ; ils voyoient qu'il n'avoit point de doctrine , qu'il n'avoit employé d'autre art que celui d'emprunter à tout prix, pour en impofer par l'état brillant du Tréfor-Royal, & féduire la multitude enchantée de voir faire la guerre fans augmentation d'impôts; ils gémiffoient de cette charlatanerie, qui devoit un jour aggraver les charges de l'Etat. Enfin, il étoit évident à leurs yeux que Necker n'avoit rendu aucuns fervices réels, & que la fermentation qu'il excitoit, pouvoit expofer l'Etat aux plus grands dangers. Les Gens de Lettres, les femmes accréditées, leurs amans & la troupe fervile des imitateurs, faifoient taire le petit nombre de gens éclairés. C'eft une chofe remarquable, que l'enthoufiafme des femmes les plus diftinguées par le rang & la beauté, pour un homme d'une figure ignoble & éloigné de la galanterie par l'auftérité apparente de fes mœurs. On a vu, quelques jours après fon renvoi, la Ducheffe de Laufun, de toutes les femmes la plus douce, & fur-tout la plus timide, attaquer dans un jardin public un inconnu, qu'elle entendoit mal parler de Necker, & fortir de fon caractère, au point de lui dire des injures. Les femmes n'ont point contribué à l'élévation de Necker, & dans l'obfcurité, où il étoit avant fon miniftère, il auroit en vain brigué leur appui; la grandeur & l'éclat font néceffaires pour fubjuguer les femmes, & trompent fouvent & leur cœur & leurs fens. C'eft lorfque, parvenu à une grande place, il commença à fixer les regards publics, qu'il détermina les femmes en sa faveur. Il flattoit en secret celles qui avoient le plus d'influence sur la société, & ses flatteries acquéroient un nouveau prix de la sévérité de son caractère. Les femmes accréditées, qu'il sut gagner par ses louanges & ses déférences, attirèrent les suffrages de tous ceux qui avoient intérêt de leur plaire ; leur considération s'accrut réellement, par l'intimité de leur liaison avec un homme puissant, & elles s'énorgueillissoient de leur ascendant sur un homme si fier de sa vertu, sur cet impassible Spartiate. Sa disgrace fut à-la-fois une atteinte portée à leur crédit, & une injure pour leur amour-propre, intéressé au soutien de leurs enthousiastes sentimens. De-là les cabales contre le Gouvernement, & la fermentation des esprits sur les objets d'administration ; le discrédit des Effets publics, les Etats-Généraux & la subversion de la plus florissante Monarchie. Necker avoit encore pour lui tous ceux que des mécontentemens particuliers rendent ennemis du Gouvernement, & son parti devenoit ainsi de jour en jour plus nombreux. L'impéritie de Fleury, son successeur, formoit encore un tableau de comparaison, avantageux à Necker. Le public, trompé & animé par sa cabale, se plaisoit à le vanter comme le plus grand des Administrateurs, & ses écrits lui attiroient l'admiration des étrangers. Ils étoient frappés de la pompe de son style, touchés de ses homélies en faveur de l'humanité, & ne pouvoient apprécier les circonstances, ni vérifier les faits. Jamais en France, les hommes en place ou appelés à y parvenir, n'avoient écrit fur les affaires ; leur filence fut regardé comme une impuiffance, & Necker fans rivaux, profitoit ainfi de l'avantage d'être le feul Adminiftrateur qui eût publié des ouvrages fur l'économie politique. La poftérité, éclairée & impartiale, cherchera avec furprife, comment un Peuple éclairé a pu être induit en erreur, au point de regarder Necker comme le plus grand des Adminiftrateurs ; elle fera étonnée que fes contemporains ne fe foient pas demandé : quel canal a-t-il creufé ? quelle branche de commerce a-t-il vivifiée ? quels impôts ont été abolis ou modifiés ? quels édifices ont été élevés par lui ? Il a écrit de magnifiques phrafes, mais où font les œuvres ? Elle ne trouvera ni dans la capitale, ni dans les provinces, ni dans les ports, aucun établiffement utile, qui confacre fa mémoire. Ses ouvrages renferment des idées générales & des projets vagues, mais on n'y découvre ni doctrine, ni penfée profonde fur l'Adminiftration ; & c'eft une chofe digne de remarque, qu'il ne fe trouve pas, dans trois volumes fur les Finances, une feule citation de faits, ou un expofé des anciennes opinions. On voit clairement que ce Miniftre a fuivi l'élan de fon imagination, & qu'il s'eft circonfcrit dans la partie morale des affaires, qui n'exige, pour être approfondie, que la fagacité de l'efprit, fans aucune des connoiffances néceffaires à l'Adminiftrateur. C'eft dans cette feule partie qne Necker , homme d'efprit , & fouvent écrivain éloquent, a droit aux éloges, & le public féduit a confondu le mérite de l'Adminiftrateur avec celui de l'Ecrivain. Mais ceux qui diftinguent l'un d'avec l'autre , s'apperçoivent qu'il n'a connu ni l'hiftoire, ni les principes de la finance & du commerce , ni approfondi la théorie de l'impôt. Il leur eft promptement démontré, qu'il n'a cherché qu'à faire effet fur les Gens du monde, par des phrafes brillantes, & fur le Peuple , par l'affectation de la fenfibilité. Il reffemble à ces auteurs qui font des pièces pour les acteurs, & qui réuffiffent , parce que les rôles fe trouvent conformes aux talens de ceux qui repréfentent la pièce ; un fuccès brillant, mais éphémère, eft leur récompenfe , & leur mérite s'évanouit avec les acteurs. Necker fut rappelé au Miniftère , lorfque l'autorité du Roi ébranlée n'avoit plus la force de réfifter aux clameurs du public , animé par les partifans de ce Miniftre. Il eut alors la principale part aux affaires , fous le nom de *premier Miniftre des Finances* ; mais cette place ne fuffifoit pas à fon ambition, à cette foif effrénée de fuccès populaires qui caractérife Necker; il fongea dès ce moment à devenir Miniftre national, & fut bien plus occupé de carreffer la multitude, que de maintenir l'autorité du Monarque. Une lettre écrite en 1788 , par le Comte de Mirabeau, prouve qu'il avoit démêlé les projets de Necker, & qu'il fentoit le danger de l'afcendant qu'il avoit fu acquérir fur le Peuple.

« Nous allons voir, dit-il, ce charlatan de Necker, » le Roi de la canaille ; elle feule ici a du courage, » & s'il étoit le maître, elle finiroit par tout étran-» gler fous fa direction ».

Peu de perfonnes fentirent l'artifice contenu dans *le réfultat du Confeil* compofé par Necker, & les dangers auxquels il expofoit la Monarchie. Necker avoit formé le projet de régner fur la multitude & de s'élever par elle ; il avoit en conféquence, contre l'avis de tous les Miniftres, fait prendre la réfolution d'affembler les Etats à Verfailles, à quatre lieues d'une ville immenfe, où fermentoient toutes les paffions. Dans la multitude des caufes qui ont concouru à la deftruction de la Monarchie, il n'en eft point qui ayent eu une plus directe & plus fatale influence, que le choix de la ville de Verfailles & le réfultat du Confeil. Necker avoit ainfi déterminé l'afcendant du Tiers, dont il fe flattoit de profiter. Après avoir vu rejeter par le Roi un article infidieux, qu'il avoit inféré dans le projet de la célèbre Déclaration du 23 Juin 1789, Necker ofa s'abfenter de la féance royale & afficher ainfi fon oppofition aux fentimens du Roi. Il étoit évident, qu'il ne cherchoit qu'à plaire aux Communes, & qu'il féparoit fa caufe d'avec celle du Roi. Il n'y

avoit plus à balancer pour éloigner un Miniſtre ;
que la faction avoit forcé le Roi de rappeler auprès de lui, un Miniſtre qui prétendoit, par la puiſſance populaire, s'aſſocier à l'exercice de l'autorité
royale. Le Peuple de Verſailles fut inſtruit, par
les émiſſaires de Necker, de ce projet ; il ſe tranſ-
porta tumultueuſement dans les cours du Château,
au moment où le Miniſtre ſe rendit chez le Roi.
On voyoit aller & venir dans les galeries, les partiſans de Necker ; on les voyoit s'entretenir avec
les Membres des Communes, pour les enflammer
en ſa faveur ; ils s'efforçoient d'inſpirer aux bons
Citoyens les plus vives alarmes, en leur peignant
le déſordre qu'entraîneroit le renvoi du Miniſtre des
Finances. L'infortuné Monarque fut encore obligé
de céder à la faction, & de conſerver dans ſon
Conſeil, l'auteur des troubles & l'ennemi de ſon
autorité. Le chemin du Miniſtre, en ſortant de
l'appartement du Roi, étoit de paſſer par les galeries ; mais il voulut profiter de l'efferveſcence populaire, ſavourer les applaudiſſemens, s'aſſurer de
ſon aſcendant, & effrayer le Roi & la Reine, par
le ſpectacle des tranſports que ſa préſence devoit
exciter. Il deſcendit par le grand eſcalier, au doux
bruit des battemens de main répétés, en feignant
d'être entraîné par la multitude. Eſcorté, preſſé,
applaudi d'une foule immenſe, il ſe rendit lentement chez lui, en traverſant les cours & la rue,

inondées des flots renaiffans & agités d'un public
aveugle & trompé. Quelques perfonnes furprifes
du chemin qu'il prenoit, demandèrent où il alloit.
Chez lui par le plus court, dit un homme d'efprit.
J'ai vu ce que je raconte ; j'ai vu aller chez M. Necker,
des Grands, des femmes que guidoit le plus aveugle
enthoufiafme. On vit en ce moment une des plus
grandes Dames de la Cour, connue par fon ardent
fanatifme pour Necker & fes cabales en fa faveur,
arrêtée devant une des grilles du Château, con-
templant avec délice ces mouvemens tumultueux,
jouiffant du triomphe de Necker & de l'abaiffe-
ment de l'autorité royale, & s'écrier avec une orgueilleufe fatisfaction : *on n'oferoit le renvoyer.* Le
Roi fupporta encore quelques jours la vue de Necker,
& prit enfin le parti de l'éloigner. Le Peuple étoit
depuis long-temps en fermentation ; une longue
fuite d'évènemens & des manœuvres criminelles,
avoient formé un amas de matières combuftibles,
dont l'explofion dépendoit de la plus légère étincelle. Le renvoi de Necker fut cette étincelle ; car
il eft conftant qu'il étoit, à cette époque, indifférent à l'Affemblée nationale, qui avoit reconnu
l'infuffifance de fes talens, l'incertitude de fes vues
& fon ambition. L'enthoufiafme & la chaleur du
Comte de Lally réveillèrent quelques reftes de prévention favorable, ranimèrent les cendres d'une admiration prefque entièrement éteinte. Son éloquence

& les intrigues des partisans de Necker, agirent efficacement sur l'Assemblée & sur le Peuple, en faveur du Ministre disgracié. Le Comte de Lally joua, en cette occasion, le rôle de Marc-Antoine, présentant au Peuple la robe ensanglantée de César & son testament ; il rappela au public ému, animé contre la Cour, les prétendus services de Necker & son amour pour le Peuple. La multitude étoit disposée & préparée à de grands mouvemens, par la corruption & l'intrigue. Dans cet état de choses, il devoit y avoir des Idoles & des victimes. Le *Duc d'Orléans & Necker* furent les héros du jour, & *Foulon, Berthier, Launay* furent massacrés. Le Roi fut forcé d'écrire à Necker de revenir ; l'Assemblée entraînée par le Comte de Lally & pressée par les mouvemens populaires, lui dépêcha des courriers, & la France entière fit des vœux ardens pour son prochain retour. Ceux qui ne le connoissoient pas, alloient jusqu'à craindre qu'il ne se refusât à tant d'empressemens : ceux qui jugeoient mieux, savoient que la vanité l'emporteroit sur tout autre intérêt, & sur la politique qui devoit l'empêcher de revenir dans un poste qu'il ne pouvoit conserver. A peine fut-il arrivé que chacun fut étonné d'avoir désiré son retour, l'Assemblée le vit revenir avec indifférence, le Peuple cessa dans peu de prononcer son nom, & les orateurs démagogues déclamèrent avec impunité contre cette idole ver-

moulue. Il fut attaqué dans les journaux ; son Adminiftration , son caractère , sa personne , y furent
peints sous les plus noires couleurs. Il tâcha vaine-
ment de louvoyer au fort de l'orage ; sans reffource
dans l'efprit , sans caractère pol.tique , il ne sut
être ni l'homme du Peuple , ni l'homme du Roi.
Le temps étoit venu où des paroles décevantes ne
pouvoient plus tenir lieu de réalités ; le temps de
la foi aveugle étoit paffé , & l'Affemblée exigeoit
des œuvres ; elle fonda l'abîme du déficit , & dé-
manda des reffources au Miniftre. Mefuré par des
yeux pénétrans , Necker offre , dans cette époque,
l'image de ces cadavres confervés par le temps &
qui fe réduifent en pouffière au moment qu'ils pa-
roiffent au jour & qu'on les touche. L'Affemblée
reconnut dans peu que le Miniftre des Finances avoit
emprunté à tout prix , & que le déficit étoit le produit de fes emprunts onéreux , combinés fans lumières , aux dépens des races futures. Preffée par
les befoins du moment , l'Affemblée s'adreffa à lui
pour obtenir des fecours ; le Miniftre écrivit des
phrafes magnifiques , parla de fes fentimens & finit
par propofer de continuer la fufpenfion du paiement
des Billets de la Caiffe - d'Efcompte. Les befoins
augmentèrent ; on s'adreffa encore au génie tutélaire de la Nation , & il propofa une nouvelle création de Billets de la Caiffe - d'Efcompte. Il étoit
évident , que le plus ignorant des Membres de

l'Affemblée, auroit trouvé les mêmes reffources que Necker. En horreur alors au Roi & à la Reine, pour qui fa préfence étoit un fupplice, accablé de dégoûts par l'Affemblée & menacé par le Peuple, l'ambition le foutint quelque temps & lui fit fupporter le mépris & la haine. Mais enfin, la crainte triompha de tout autre fentiment ; il quitta le Miniftère fans faire la plus légère fenfation, & emportant le mépris de tous les partis. Le Roi, la Nobleffe, le Clergé, avoient également à fe plaindre de fa perfidie, de fon ignorance & de l'incertitude de fes idées. Les gens éclairés voyoient dans fon Adminiftration les principes des défordres, & dans fa conduite, depuis fon premier rappel, la caufe active & immédiate de la dégradation du Monarque, de l'effufion du fang & de l'anarchie. Necker avoit infifté pour que les Etats fuffent à Paris, malgré les plus vives repréfentations, dictées par l'expérience ; & dans le même temps, il avoit raffemblé autour de Paris, quinze mille ouvriers, manœuvres & artifans de tout genre, dénués de tout moyen de fubfifter, réunis dans les fauxbourgs & les environs. Ces hommes dépravés par l'oifiveté, irrités par la mifère, étoient prêts à tout entreprendre pour le Miniftre des Finances, dont ils recevoient une paye journalière. Il avoit déterminé l'Affemblée à laiffer ouvertes les tribunes, & n'avoit négligé aucun des moyens propres à enflammer le

Peuple. Il s'étoit absenté de la séance royale, après avoir rédigé une insidieuse déclaration ; il avoit, sans y être appelé par sa place, opiné contre le *veto* absolu ; enfin il étoit évident que sa conduite avoit eu pour objet, d'obtenir un Ministère indépendant de la volonté du Roi. Necker se retira dans une terre en Suisse, & là sans espoir fondé de remonter sur la scène du monde, & croyant toujours qu'on est occupé de lui, il ressemble à ces hommes mutilés, qui éprouvent encore des douleurs dans les membres qu'ils n'ont plus. Ne pouvant se résoudre à rester ignoré, il composa des ouvrages, pour avoir le plaisir de parler de lui, d'entretenir le public de ses sentimens & de son Administration. Il crut, tant est profond l'aveuglement de l'amour-propre, que la France en proie à la plus violente anarchie, déchirée dans toutes ses parties & inondée de sang, s'occuperoit des chagrins qu'éprouve dans la disgrace un ex-Ministre ; qu'elle suspendroit le sentiment des plus cuisantes douleurs, pour prêter son attention à la froide analyse de ses opérations, à l'emphatique description de ses sentimens. J'ai fait connoître les principes de sa fortune & les motifs qui ont déterminé sa conduite publique ; il me reste à parler de sa personne, & après avoir peint le Ministre, je vais rassembler quelques traits de son caractère, propres à faire connoître l'homme. Necker est d'une taille

ordinaire & groſſièrement conformé ; ſa phyſionomie offre à l'œil obſervateur, de l'atrocité, du dédain, de l'égarement, de la moquerie, de la profondeur & de l'inſenſibilité. A travers la réſerve
contrainte de ſon maintien, il eſt facile de deviner
une violente agitation intérieure. Ses manières ont
de la dureté ; & comme il a paſſé une partie de ſa vie
parmi des ſociétés ſubalternes, il n'a point l'aiſance
que donne l'uſage du grand monde, & ne ſait, quand
il veut être poli, que multiplier de mauſſades ré-
vérences. Dominé tour-à-tour par l'avidité & l'ambition, il n'a aucun des goûts que fait naître la
ſenſibilité de l'ame, la curioſité de l'eſprit & l'habitude de vivre en ſociété ; l'amour-propre a deſſéché
en lui tous les principes qui rapprochent les hommes
& leur procurent des jouiſſances communes. Il a
lu, pour montrer qu'il avoit lu ; il a fréquenté les
Gens de Lettres pour acquérir des partiſans ; il a
converſé, ſans être entraîné par le beſoin de la confiance, ou l'intérêt des queſtions, mais pour inſpirer l'idée de ſon mérite. La domination perpétuelle
d'un objet, qui ne permet aucune diſtraction, eſt un
des principes de la folie ; & l'eſprit de Necker en a
éprouvé quelques atteintes. Il a été, pendant deux
années entières, incapable d'aucune attention &
accablé de vapeurs, qui offuſquoient ſa raiſon. Il
eut enſuite une faim canine qui l'obligeoit de manger à toute heure, & c'eſt de-là qu'il a contracté
l'habitude

l'habitude de tenir ſes mains dans les poches de ſa veſte, où il ſemble chercher quelque choſe. Sa femme, confidente forcée du déſordre de ſes idées, & fortement intéreſſée à en dérober la connnoiſſance au public, a prodigué les ſoins à ſon époux, dans le temps de l'altération de ſon eſprit, & s'eſt par-là acquis ſur lui le plus grand aſcendant. Necker s'exprime avec difficulté & eſt entièrement dénué du talent de la parole; il a beaucoup d'eſprit, & un recueil, qui contiendroit des penſées choiſies avec diſcernement dans ſes ouvrages, formeroit un excellent livre. Ses ennemis ont prétendu que Thomas avoit compoſé une partie de ſes ouvrages, & ceux qui ont hazardé un pareil jugement ont plus conſulté leur paſſion, que les lumières d'un eſprit exercé. Les beaux morceaux répandus dans les ouvrages de Necker, ſont au-deſſus de ce que Thomas a fait de mieux. Comme la nature eſt inégale dans ſes dons, elle a refuſé à Necker le talent des affaires; il le ſentoit & avoit ſoin de ſe circonſcrire dans des principes généraux, d'abréger la converſation, & de renvoyer promptement à ſes ſubalternes pour une diſcuſſion approfondie. Il étoit diſtrait, froid & réſervé dans la converſation, dédaigneux, & quelquefois moqueur dans ſes audiences; & la plupart de ceux qui avoient affaire à lui, éprouvoient un froiſſement ſenſible dans leur amour-propre, qui

N

dégénéroit promptement en haine. Mais il avoit d'autres manières avec ceux que leur influence dans le monde l'engageoit à ménager ; & l'art qu'il employoit dans ces circonſtances, a été un de ſes plus efficaces moyens pour enflammer les têtes & ſe procurer d'idolâtres partiſans. Le front de cet homme auſtère s'éclairciſſoit ; le ſecret de cet homme ſi froid, ſi réſervé, ſembloit s'échapper de ſes lèvres, preſſé par les ſentimens de ſon cœur. Les flatteries les plus outrées paroiſſoient lui être arrachées par l'irréſiſtible impulſion de la vérité. Des railleries amères & de fines plaiſanteries étoient répandues par cet homme auſtère, ſur les ennemis des perſonnes qu'il accueilloit avec tant d'art ; & comme ces perſonnes étoient ou des grandes dames, ou des hommes éminens par leur rang, ou conſidérables par leur influence, & peu inſtruites des affaires, alors il en parloit devant elles avec aſſurance, & il ne lui étoit pas difficile de leur en impoſer. Ces perſonnes ſortoient de chez Necker, émerveillées de ſon ſavoir, enchantées de ſon eſprit & flattées de ſa confiance. En voyant un jour le Prince de Poix entrer dans ſon ſallon, Necker s'avance vers lui, & s'écrie avec tranſport : *quand je vois M. le Prince de Poix, il me ſemble voir le bien public perſonnifié ;* on peut croire au moins qu'il y voyoit le ſien. S'il étoit empreſſé, flatteur pour ceux qui pouvoient

servir ses vues ambitieuses, il étoit injuste & froidement inhumain pour les personnes sans crédit ; le
trait que je vais rapporter, en sera une preuve con-
vainquante. A son avènement au Ministère, il voulut se signaler par des réformes & par la suppression
de plusieurs places lucratives de la Finance. Il existoit
deux places de Trésoriers-Généraux de l'extraordinaire des Guerres ; l'une de ces places fut supprimée
par un Arrêt du Conseil, enregistré aussi - tôt à la
Chambre des Comptes ; l'usage & la justice pres-
crivent en pareilles circonstances , de faire porter
la réforme sur la charge de la plus récente création.
Celle de M. de Boulogne , homme généralement
estimé, devoit par cette raison être conservée comme
étant la plus ancienne ; il apprit avec surprise que
l'on s'étoit écarté de l'usage, & qu'il étoit privé
de sa place. Il s'empressa de faire à Necker ses justes
représentations ; elles furent froidement écoutées,
& le Ministre se contenta de lui répondre qu'il
avoit raison , mais que la chose étoit sans remède.
Diverses circonstances avoient altéré la fortune de
M. de Boulogne , & la perte des produits d'une
charge lucrative la renversoit entièrement. Necker
fut insensible à l'exposé d'une situation malheureuse,
qu'il avoit déterminée, & ne témoigna pas même
le regret de s'être trompé. Dans le moment où le
Financier tâchoit de réveiller quelque souvenir de

N 2

justice dans l'ame du Miniſtre qui cauſoit ſa ruine; on annonça que le dîné étoit ſervi ; Necker invita M. de Boulogne à dîner ; celui-ci refuſa, en alléguant que ſa ſanté le condamnoit à être au lait, pour toute nourriture. Eh bien ! lui dit le Miniſtre , pourquoi inſiſter ſur le rétabliſſement de votre charge ? On n'a pas beſoin de fortune, pour vivre de lait. Qu'on juge de l'effet que dut produire une auſſi barbare plaiſanterie , faite par l'auteur de ſa ruine , à un homme qui perdoit cinquante mille écus de rente (1).

---

(1) Le hazard nous ayant fait tomber entre les mains une lettre vraiment curieuſe du célèbre Lavater , ſur le caractère & la phyſionomie de M. Necker , nous croyons faire plaiſir à nos Lecteurs en l'inſérant ici. Ceux qui ont connu M. Necker , pourront juger ſi c'eſt la paſſion qui a guidé l'Auteur de cet Ouvrage , lorſqu'il a tracé ce portrait , ou ſi les expreſſions du ſavant phyſiognomoniſte dans cette occaſion , ne ſe reſſentent pas un peu trop de l'admiration & de l'enthouſiaſme.

Lettre de M. Lavater , à l'occaſion de ſon entrevue avec M. Necker à Baſle , au mois de Juillet 1789 , tirée d'un Journal publié à Genève , n° 50.

« Rendu à Baſle , aux trois Rois , le Vendredi 24 Juil-
» let 1789 , étant invité par Madame de Stael à dîner avec
» M. Necker , je vis , pour la première fois , au ſein de ſa
» famille , cet homme également diſtingué par ſa renom-
» mée , ſon ſort , ſes talens & ſon mérite. Vous ſavez que
» je fais un cas extraordinaire de la première impreſſion.

» Quoiqu'en détail je me fusse représenté M. Necker
» tout différent, sa figure, au premier aspect, répondit à
» mon attente ; mais vu de plus près, je fus surpris de la
» différence de ses traits avec toutes les estampes qu'on en
» a fait ; mon jugement physiognomonique du total fut
» bientôt décidé. Le tout dans un certain éloignement,
» inspire un sentiment de vénération. Observé de près,
» plus d'amabilité se fait appercevoir.

» La construction des parties solides de cette tête n'ap-
» partient pas aux formes originairement grandes & ca-
» ractéristiques de la nature. Elle n'en est pas un produit
» absolu, unique, original, un trait hardi, un *salto mortale*;
» comme, par exemple, en différens degrés, celles de
» Newton, Locke, Montesquieu, Thourlows, Chatham,
» Pitt, ou même de Voltaire, Rousseau, Johnson, &c. ;
» mais le tout a quelque chose de si unique, approchant
» de la perfection morale, décisif pour la sagesse tranquille
» & la prudence consommée, & ses traits en détail se
» réunissent pour exprimer l'honnêteté, la bonté, la dou-
» ceur & la noblesse de sentiment. Il me reçut à-peu-près
» comme tous les François, avec politesse, cependant plus
» dignement, c'est-à-dire d'une manière plus posée, plus
» sérieuse ; & quand je dis comme tous les François, je
» ne dis pas bien, puisque je dois d'abord ajouter que j'ai
» vu peu de gens du monde, & sur-tout de la Cour,
» de cette simplicité & d'un ton si opposé à la multitude
» des François. Aussi tiens-je un bien plus grand compte
» à cette Nation, & avec moi tous les gens sensés, de
» ce qu'elle a su montrer tant de justice, & juger avec

N 5

» un tact auffi délicat un homme qui ne poſsède rien de
» cet air enjoué, de cet eſprit pétillant, ni de cette forte
» d'éloquence qui abonde en complimens flatteurs, & qui
» lui eſt ſi naturelle.

» M. Necker parla peu, particulièrement dans le com-
» mencement. Il ne me parut, quoique dans un des plus
» importans momens de ſa vie, ni triſte, ni abattu, ni
» diſtrait, ni intérieurement déchiré, ni dans un état d'in-
» déciſion, de crainte, & encore moins de joie ; il avoit
» été cependant la veille au-devant de ſon épouſe & de ſa
» fille chéries, avoit reçu ſon rappel du Roi & de l'Aſſem-
» blée nationale, & s'étoit déchargé de ſa réponſe ; mal-
» gré cela, point d'agitations ni de ſignes d'un eſprit abſent
» ou abſorbé dans de profondes méditations ; il gardoit
» le ſérieux d'un Sage, & cela ſans affectation, ſans air
» ni effort.

» Sa voix eſt extraordinairement douce ; comme tout
» en lui eſt tranquille, poſé, mûr, mâle & éloigné de
» toute pédanterie, l'uſage du grand monde ſe fait entre-
» voir ; mais le Miniſtre d'Etat eſt frappant en lui, tout
» l'annonce, mais ſans la moindre oſtentation. Si j'avois
» vu M. Necker ſans le connoître, je ne l'aurois jamais
» pris pour un ſimple Homme de Lettres, ni pour un Mi-
» litaire, ni pour un Artiſte, ni pour un Négociant ; car
» dans cet état même il étoit déjà dans l'ame prédeſtiné
» Miniſtre ; il paroît être né & formé pour diriger des
» Finances. Il écoutoit avec la tranquillité complète d'un
» Sage qui examine tout, qui n'anticipe rien, qui appro-
» fondit tout, & dont l'exactitude porte ſur les dates comme
» ſur les faits, cependant infiniment éloigné d'une curio-

» sité minutieuse. Toutes ses paroles étoient pesées, mais
» couloient de source ; tous ses regards attentifs, quoique
» modestes & discrets ; toutes ses réponses pertinentes & —
» noblement exprimées sans aucune tournure recherchée ;
» tous ses propos mûrs & achevés.

» Son front a quelque chose d'un tendre féminin, il n'a
» ni nœuds, ni angles, ni rides ; il recule, & est comme
» tous les fronts de cette espèce.

» Dans ses paupières qui ne sont ni épaisses, ni forte-
» ment prononcées, comme aussi dans le doux enfoncement
» de l'œil, & dans la couleur, & la coupe de ses yeux,
» il y a une expression infinie de cette sagesse pleine de
» noblesse, & de gravité mêlée de douceur. Et quand je
» n'y trouve point ce feu étincelant du génie, j'y remarque
» par contre quelque chose d'un esprit supérieur aux seuls
» intérêts de cette terre, & qui n'est pas étranger au monde
» invisible. Les morceaux les plus sublimes de ses Opinions
» religieuses semblent avoir tiré leur origine de ces cé-
» lestes régions. Dans son regard attentif, insinuant & ré-
» fléchi, on distingue l'esprit analytique ; cet homme est
» moins grand par la force créatrice, que par la force de
» combinaison, de compréhension & de pénétration ; quand
» il écoute, il ne lui échappe rien. Son teint est d'un jaune
» pâle, assez essentiel pour former l'idéal d'un Sage de
» cabinet, & très - significatif pour un caractère uni &
» paisible.

» Dans sa bouche, dont la ligne du milieu est très-
» caractéristique, aiguë sans dureté, se jouent avec aisance
» les grâces de la bonhomie la plus naturelle, qui n'ins-
» pire pas seulement de l'estime, mais de l'attachement
» personnel.

» Son menton eſt très-long & aſſez charnu, mais ſans
» être groſſier ni ſenſuel; ſon reculement ſe trouve en har-
» monie frappante avec celui du front, & donne à cette
» phyſionomie, à laquelle il ne manque point de chaleur,
» ce degré de calme néceſſaire aux grands calculateurs.

» Le nez n'a point de forme particulière, ſon deſſin n'eſt
» pas pris en grand, ni ſon contour aigu, ni anguleux,
» ni très-pointu, ni camu; il a cependant une petite nuance
» d'une douce inclinaiſon, ce qui conſolide à un œil exercé
» le caractère du total, ſavoir, l'uniformité & la dignité;
» car je n'ai trouvé en lui aucun ton de déſharmonie, au-
» cune incertitude dans le regard.

» Il me paroît que cet homme eſt particulièrement grand
» & unique, en ce que par ſa propre culture, il a fait de lui
» tout ce que ſa nature lui permettoit d'être.

» Je témoignois à ſon épouſe, connue & diſtinguée par
» ſon eſprit & par ſa prudence, d'une taille longue &
» d'une complexion délicate, ma ſurpriſe ſur la tranquillité
» de ſon époux dans un ſi grand moment. L'ingénuité de
» ſa réponſe me frappa : Il n'eſt pas auſſi tranquille qu'il
» vous le paroît, ſans cela il auroit parlé davantage du-
» rant le repas. Si vous n'appelez pas cela tranquillité, ré-
» partis je, quelle ne doit donc pas être ſa ſérénité dans
» des temps ordinaires ?

» A table il étoit attentif à tout, ſervant avec dignité,
» aiſance & prévenance. Les étrangers, qui pouſſoient leur
» curioſité juſqu'à l'indiſcrétion, n'excitoient point ſon hu-
» meur. On ne vit aucun ſourire de la vanité qui ſe com-
» plaît à elle-même, ou de la ſuffiſance qui ſe bourſoufle;

» point de cet orgueil qui blesse , ni de cette dureté assez
» propre aux Ministres d'Etat.

» Tout autour de lui étoit à son aise , point de ces airs
» dissimulés , de ces accens qui ferment la bouche & étouffent
» les mouvemens de confiance ; au contraire , de la bien-
« veillance , de l'abandon cordial , plein d'estime pour sa
» respectable épouse , de tendresse visible pour sa fille , la
» sensible & spirituelle Madame de Stael. La politesse avec
» laquelle il reçut les personnes attirées par des vues très-
» différentes , n'étoit ni exagérée , ni humiliante , ni fami-
» lière , ni maniérée.

» Des François , des Anglois , des Suisses , MM. de
» Fumingue , de Basle , M. de Sala , Deeker , Haas , sa
» fille , tous furent accueillis avec grâce & noblesse. Sa
» présence paisible retenoit les importuns , & excitoit de
» sages pensées. Je crois qu'il seroit impossible de faire une
» folie dans son atmosphère.

» Il ne proféroit pas un mot ni de lui , ni de sa situation ,
» ni de la France , ni de ses amis , ni de ses ennemis.
» — Sa spirituelle fille fit tomber , malgré moi , la con-
» versation sur la Physiognomonie ; tout ce qu'il en dit
» ne montra pas un Anatomiste , un Dessinateur par
» principes , mais un Juge compétent , intuitif & con-
» sommé dans la connoissance de l'homme. Bref , si j'ai
» jamais vu un homme de cabinet doué d'excellens talens ,
» c'est cet homme que le sort a honoré par tant d'amis
» & d'ennemis. Il faut connoître le respect & l'estime qu'ont
» pour lui ceux qui l'entourent , & la liberté avec laquelle
» ils parlent devant lui ; il faut sentir l'amour des siens

» porté presque jusqu'à l'adoration ; il faut le voir lui-même
» au sein de sa famille, pour s'en faire une juste idée.

    » La Nation Françoise peut s'honorer de posséder le
» tact le plus exquis pour connoître la vraie grandeur de
» l'homme, & la priser ce qu'elle vaut ; elle qui sachant
» se dépouiller de tout préjugé de naissance, de toute pré-
» vention étrangère au mérite, a distingué cet homme par
» une confiance inouie, & qui, s'abandonnant toute en-
» tière à l'ascendant de sa vertu, a écrit en lettres d'or
» sur ses Cocardes : VIVE LE ROI, NECKER ET LA
» NATION » ! *Cette Note n'est pas de l'Auteur.*

LE CARDINAL DE BRIENNE.

Il y a deux cents ans qu'un Loménie, homme de la plus baſſe extraction, fit fortune, & parvint à être Secrétaire d'Etat, dans un temps où ces places n'avoient pas l'éclat & l'autorité dont on a vu en poſſeſſion ceux qui les ont exercées depuis M. de Louvois. Un de ſes enfans épouſa une fille de l'illuſtre maiſon de Brienne, & en prit le nom. Cette famille à produit trois ou quatre Secrétaires d'Etat, dont l'un qui a vécu ſous Henri IV, Louis XIII & Louis XIV, a fait imprimer des mémoires qui prouvent à quel point leur auteur étoit inepte & borné. Les Brienne n'étoient point au rang de ceux qu'on appeloit des Gens de qualité, mais n'étoient cependant pas ſans conſidération ; ils obtenoient des Régimens, des Evêchés, & tenoient à pluſieurs grandes familles par des alliances.

L'Abbé de Brienne, dont il eſt ici queſtion, s'affilia dans ſa jeuneſſe aux Encyclopédiſtes, qui furent flattés de compter parmi eux un jeune Abbé qui tenoit à la Cour & qui pouvoit faire un grand chemin dans l'Egliſe. L'Abbé de Boiſgelin, aujour- d'hui Archevêque d'Aix, & Turgot, alors Abbé & Prieur de Sorbonne, étoient liés avec l'Abbé

de Brienne & fuivirent le même chemin. Mais le
defir d'une réputation guidoit l'Abbé de Brienne,
& Turgot étoit entraîné par la conviction de la
fupériorité des économiftes fur ceux de l'ancien
régime.

Les trois amis fe livrèrent également aux économiftes & firent à leur fuite une fortune d'efprit.

L'Abbé de Brienne gagna la confiance de l'Evêque
d'Orléans, Miniftre eccléfiaftique , qui vouloit fe
diftinguer de Boyer, Evêque de Mirepoix, fon pré-
déceffeur. Cet homme, fait pour être , tout au plus,
Directeur d'un Séminaire, n'avoit fongé à mettre
dans les grandes places que des caffards & des gens
protégés par les cabales dévotes. L'Evêque d'Orléans
imagina, pour s'attirer l'eftime des fociétés dominantes, de propofer au Roi des jeunes gens agréables
aux femmes , & annoncés par quelque réputation
d'efprit. D'après ces idées , il fit l'Abbé de Brienne
Evêque, & enfuite Archevêque de Touloufe. Dans
cette place, le jeune Prélat chercha à fe diftinguer
par fon application aux affaires de la province, &
il acquit la réputation d'un Prélat adminiftrateur.
Il voulut par la fuite fupprimer beaucoup de Maifons régulières , & fut appelé *l'Antimoine* ; enfin,
on le mit à la tête d'une Commiffion relative à
cet objet. L'Archevêque fongea dès-lors à fe frayer
la route au Miniftère, & une circonftance fingu-
lière & favorable donna à fon ambition la plus

grande activité , en lui offrant la perspective du succès. L'Evêque d'Orléans fut chargé par le Duc de Choiseul , de choisir un ecclésiastique qui eût des mœurs & de l'instruction , pour être Instituteur de Marie-Antoinette d'Autriche. L'Evêque eut recours à l'Archevêque de Toulouse , qui jeta les yeux sur l'Abbé de Vermont , employé à la Bibliothèque du Collége Mazarin. Cette Abbé fut envoyé à Vienne , où il enseigna à lire & à écrire , le cathéchisme & les principes de la langue françoise à la jeune Archiduchesse. Il eut soin de se rendre agréable dans ses leçons à cette Princesse , dont il gagna la confiance. Nommé son Lecteur , lorsqu'elle fut Reine de France , il conserva auprès de cette Princesse l'accès le plus intime , & il eut sur son esprit le crédit que donne , sur - tout auprès des Princes , une ancienne habitude. Il écrivoit toutes les lettres de la Reine , l'instruisoit de tout ce qu'il pouvoit lui être utile de savoir , & ne manquoit pas de louer , le plus adroitement qu'il lui étoit possible , son protecteur , l'Archevêque de Toulouse , & de parler sur-tout de ses talens pour l'Administration.

Cet Abbé de Vermont auroit pu jouer un bien plus grand rôle , s'il avoit eu de l'ambition ; les Dubois , les d'Alberoni n'ont point eu des commencemens si favorables & des occasions aussi décisives. Il se contenta de jouir de sa faveur obscuré-

ment , fans exciter l'envie ; & fe refufant aux empreffemens des courtifans , il fe borna à des fociétés
fubalternes.

Pendant quinze ans il parla fans ceffe & en vain
de l'Archevêque de Touloufe ; le Roi avoit des
préjugés , qui l'empêchoient d'appeler au Miniftère
un eccléfiaftique : il s'en expliqua plufieurs fois d'une
manière pofitive. L'Archevêque de Touloufe ne perdoit point courage ; rongé de dartres , menacé de
phthifie , crachant le fang , il s'occupoit fans ceffe
& d'affaires & d'intrigues , & fe mêloit de toutes
les petites querelles domeftiques & intérieures. Il
fut plufieurs fois appelé pour délibérer fur une intrigue amoureufe , & décider fi une femme garde-
roit fon amant ou en prendroit un autre. Il étoit
dans toutes les confidences , & quatre ou cinq femmes du premier rang n'entreprenoient rien fans le
confulter : *il faut en parler à l'Archevêque de Touloufe,*
étoit leur perpétuel refrain , dans toutes les circonftances intéreffantes.

Il n'alloit que rarement dans fon Archevêché ;
mais dans les féjours qu'il y faifoit , il s'appliquoit
à faire quelque chofe de marquant pour l'utilité
publique , & cherchoit plus l'éclat que la folidité.
Il répandoit des charités , qu'il avoit foin de ne pas
rendre fecrètes ; il faifoit des Mandemens , des cir-
culaires aux Curés de fon diocèfe ; & quand les
échos de la province avoient répété fes éloges &

qu'ils avoient percé jufques dans la capitale, il y revenoit jouir de fa renommée.

A la tenue des Etats de Languedoc, il fe diftin-guoit par la clarté de fes rapports ; il avoit le même fuccès à l'Affemblée du Clergé. Plufieurs dans ce corps avoient plus de mérite réel, d'éloquence & d'inftruction ; mais il avoit pour lui le fuffrage des fociétés dominantes, qui en impofoit ; fes re-lations avec les Miniftres le mettoient à même de faifir les circonftances pour fe faire valoir & fe procurer de nouveaux moyens de réputation, par les différentes miffions dont il fe faifoit charger. L'Archevêque crut devoir mettre le fceau à fa ré-putation, & il compofa une oraifon funèbre ; mais cet ouvrage prouve qu'on peut avoir l'efprit né-ceffaire pour obtenir le fuffrage des femmes, pour en impofer à des gens prévenus, pour traiter des affaires avec quelque facilité & de la clarté, fans avoir des talens réels. Cette oraifon funèbre, mé-diocrement écrite, n'a aucun des mouvemens de l'éloquence & ne renferme aucune idée ingénieufe. Cela n'empêcha pas l'Archevêque de Touloufe d'être admis à l'Académie Françoife ; & fon difcours de réception prouve également la médiocrité de fes talens & de fon efprit. L'Archevêque, fous le Mi-niftère de Turgot, jouiffoit du plus grand crédit ; il étoit fon ancien ami, de la même fecte, partifan, comme lui, d'une liberté fans bornes, & ennemi des systêmes de crédit & de banque, regardés par les économistes comme les plus dangereux palliatifs. Lorsque Necker vint en place, ce Ministre prit une route opposée à celle de Turgot, dont il n'imita que l'austérité ; il établit un systême de crédit & d'emprunt, & montra une grande incertitude sur la question de la liberté indéfinie du commerce des grains.

Necker étoit odieux à Turgot, qui n'en parloit qu'avec le dernier mépris, & ne se servoi, lorsqu'il étoit-question de lui, que de ces mots : *ce drôle-là* ; ses amis, pour ménager sa sensibilité, avoient soin d'éviter d'en faire mention ; la haine de cet homme, vraiment vertueux, venoit de l'idée que Necker étoit un imposteur, qui feroit le malheur de la France. L'Archevêque de Toulouse, malgré la contrariété de ses principes avec ceux de Necker, malgré les égards qu'il devoit à son ami Turgot, voyant l'ascendant que prenoit Necker dans le public & dans les sociétés dominantes, s'empressa de rechercher son amitié, & eut l'air de partager l'enthousiasme général ; c'est par cette conduite qu'il sut toujours conserver du crédit & un accès intime auprès des Ministres. Il s'insinua aussi par la suite auprès de M. de Calonne qui s'adressa à lui pour le choix des Membres du Clergé qui devoient être appelés à l'Assemblée des Notables. Ce Ministre n'exclut que l'Archevêque de Lyon, homme bien supérieur,

supérieur, pour l'esprit & les talens, à l'Archevêque de Toulouse, regardé comme un intrigant, & l'Evêque d'Arras, qu'il regardoit comme son ennemi personnel.

Tous les Ministres qui se succédoient, & Necker comme les autres, avoient les égards les plus marqués pour l'Archevêque, qu'on savoit être, au moyen de l'intermédiaire Vermont, en relation avec la Reine.

L'Archevêque intrigua sourdement pendant l'Assemblée des Notables contre M. de Calonne, qui fut disgracié avant la fin de cette Assemblée. Le Roi, prévenu contre l'Archevêque & contre Necker, étoit porté à les exclure du Ministère ; peu de jours avant, il avoit écrit à M. de Calonne, pour le rassurer contre les intrigues de l'Archevêque, & il avoit fini sa lettre par ces mots : je ne veux ni Nécraille, ni Prêtraille. On voit par-là que le Roi étoit en garde contre ces deux hommes. M. de Calonne fut disgracié peu de temps après & remplacé par un vieux Conseiller d'Etat, usé par l'âge, & qui n'avoit aucun des talens nécessaires, surtout dans un temps aussi critique ; c'étoit envoyer un cheval de fiacre disputer le prix à Newmarket. L'Archevêque sentit que ce fantôme ministériel s'évanouiroit bientôt, & il redoubla d'intrigues pour lui succéder ; ses démarches ne tardèrent pas à être couronnées du succès. L'aversion du Roi fut vaincue

O

par les suggestions des partisans de l'Archevêque,
qui le présentèrent comme l'homme le plus capable
de rétablir les affaires ; il fut choisi pour administrer les Finances , & par une suite de l'aveugle
préjugé qui faisoit imaginer qu'un Prêtre dans le
Conseil doit avoir un rang supérieur , on crut la
place de Contrôleur-Général au-dessous de l'Archevêque , tandis que des Ducs & Pairs avoient exercé
la place de Secrétaire d'Etat. Il fut créé Président
du Conseil des Finances , & on lui subordonna le
Contrôleur - Général , dont la nomination lui fut
abandonnée. Dès-lors l'Archevêque parut destiné
à occuper la place des Mazarin, des Richelieu ; &
la Reine peu de jours après s'expliqua de manière
à ne laisser aucun doute à cet égard : *il ne faut
pas s'y tromper*, dit - elle, *c'est un premier Ministre*.
Il ne tarda pas d'être principal Ministre , qui est
le titre donné à Mazarin & à Richelieu dans leurs
patentes. La Reine avoit eu raison de penser que
les circonstances rendoient un premier Ministre nécessaire ; & la prévention publique détermina la
sienne en faveur de l'Archevêque. Il montra dans
peu son incapacité & la plus profonde ignorance
dans les matières de Finances , qu'il passoit pour
avoir approfondies. Il paroît que les principes des
économistes formoient toute son instruction ; c'étoit,
& voilà tout , un disciple des *Beaudeau* , des *Rou-
beau* , &c. , sans génie & sans caractère. Une vague

théorie étoit un foible secours pour conduire les affaires, dans le moment le plus orageux ; il n'avoit aucune idée du crédit & des combinaisons depuis long-temps adoptées pour procurer des ressources, en attendant qu'on pût employer des moyens curatifs. On aura peine à croire, & cela est pourtant vrai, qu'il ne connoissoit pas la différence des *Billets* & des *Actions* de la Caisse d'Escompte, dont il ne put jamais concevoir l'organisation & le jeu. Peu de Ministres ont montré autant d'impéritie, jointe à autant de présomption. Il passoit une partie de la matinée à écrire des billets à des femmes, & le mauvais état de sa santé ajoutoit à son incapacité. Ses projets échouèrent ; il fut réduit, après avoir fait un magnifique exposé des ressources de l'Etat, à annoncer, trois mois après, qu'on payeroit au Trésor royal un cinquième en papier ; c'étoit une espèce de banqueroute ; l'alarme des capitalistes & de tous ceux qui avoient des bienfaits du Roi, fut extrême. Cet évènement eut lieu le 16 Août, & cette époque est remarquable. Le Peuple de Paris, par un usage immémorial, se rend à Versailles, la veille de la S. Louis, qui est le 25 Août, pour voir le Roi, les appartemens, les jardins ; tout lui est ouvert, & il circule en foule dans la galerie, la chapelle & les divers appartemens. Cette circonstance & des avis reçus de la Police de Paris furent mis à profit, pour éloigner un homme, qui perdoit l'Etat par fon ignorance & des coups d'autorité imprudens & mal concertés. On repréfenta au Roi, que la fermentation étoit extrême à Paris, & pouvoit dégénérer en fureur ; que le Peuple devoit venir le 24 à Verfailles, & qu'il y avoit lieu de tout craindre du défefpoir de gens qui perdoient leur fortune ; enfin, il fut articulé que les jours du Roi étoient en danger, & qu'il n'y avoit qu'un moyen de rétablir le calme, qui étoit de renvoyer l'Archevêque. Le Roi fe rendit avec peine à ces repréfentations dictées par le zèle ; la Reine montra la plus ferme réfolution de conferver un Miniftre, qu'elle croyoit encore pouvoir être utile ; mais en réfléchiffant qu'elle répondoit en quelque forte des jours du Roi, fi elle perfiftoit à foutenir l'Archevêque, elle fentit la néceffité d'en faire le facrifice. L'Archevêque, qui ne vouloit pas que fa retraite eût l'air d'une difgrace, demanda le chapeau de Cardinal & divers bienfaits pour fa famille. La Reine affligée de la retraite de fon protégé, à laquelle elle s'étoit prêtée avec tant de peine, accueillit avec bonté fes propofitions, & le Roi confirma tout ce qui lui avoit été promis par la Reine. Il fut décidé que pour fatisfaire le public, on appelleroit M. Necker. Un politique devoit dès-lors pronofti-quer les plus grands malheurs pour l'Etat, puifque la volonté fouveraine cédoit aux clameurs & aux defirs d'une cabale, pour mettre en place fon idole.

Il étoit évident que l'autorité souveraine étoit ébranlée, & le Gouvernement sans force & sans vues.
L'Archevêque de Toulouse, dans le trouble où l'avoit
jeté la triste nouvelle, que lui avoit annoncée la
Reine, avoit cru, qu'il n'étoit privé que de l'administration des Finances, & que M. Necker travail-
leroit avec lui ; on eut de la peine à le tirer de
son erreur & à lui faire entendre qu'il falloit renoncer entièrement à sa place.

M. Necker s'étoit expliqué & avoit dit, que dans
un autre temps il n'auroit fait aucune difficulté de
travailler avec l'Archevêque ; mais que depuis la
sensation que ses opérations avoient faite, il ne
pouvoit avoir de relations ministérielles avec lui.
Enfin, il représenta qu'il importoit au crédit public,
que ce Ministre ne conservât aucune influence.

C'est ainsi que l'Archevêque de Toulouse monté
au rang des Mazarin & des Richelieu, par l'intrigue de quelques femmes, en descendit honteu-
sement, après avoir montré son incapacité, l'indé-
cision de son caractère en affaires, & l'insuffisance
de ses moyens.

Une chose à remarquer à la louange de la Reine,
c'est sa constance à se refuser, pendant seize ans,
aux suggestions qui lui furent faites en faveur de
l'Archevêque de Toulouse ; elle les rejeta tant qu'elle
put croire qu'elles étoient dictées par l'ambition,
concertées avec des intrigans. Mais lorsque la répu-

tation de ce Prélat, univerſellement établie, lui eut fait croire qu'il étoit l'homme le plus capable d'adminiſtrer les Finances ; lorſqu'elle crut enfin ſatisfaire le vœu général, elle s'empreſſa de favoriſer l'élévation de l'Archevêque de Touloufe, & de lui procurer un crédit qui aſſurât ſes opérations.

M. Necker par ſon compte rendu, & depuis, par ſes intrigues & ſon ouvrage ſur les Finances, avoit commencé d'enflammer les têtes, & l'Archevêque irrita les eſprits. L'exil du Parlement fut le premier brandon jeté ſur des matières combuſtibles ; le Peuple commença alors à ſe livrer à des mouvemens ſéditieux ; l'Archevêque, à ſon départ de Verſailles, fut inſulté par des femmes du Peuple. La populace de Paris s'étoit déjà portée à pluſieurs excès, par une ſuite de cette fatalité, qui a réuni tant de circonſtances funeſtes pour le renverſement de la Monarchie. La cherté du pain vint dans peu augmenter les embarras du Gouvernement, & excita le mécontentement du Peuple ; il ſe ſouleva dans pluſieurs provinces, & ſes alarmes le diſposèrent à adopter tous les changemens qu'on lui préſenta comme favorables à ſes intérêts. L'Archevêque, par ſes intrigues, rendit l'Aſſemblée des Notables infructueuſe ; & il ne fut pas moins fatal à la France pendant ſon Miniſtère, par la perte d'un temps précieux, & par le plus mal-habile choix des moyens de remédier au déſordre des Finances. Mais ſes fautes, les mouvemens du Peuple & la détreſſe des Finances n'auroient produit que des embarras paſſagers, ſans la détermination d'aſſembler les Etats - Généraux, qu'il favoriſa puiſſamment. D'ailleurs, l'imprudence qu'il eut d'inviter le public à écrire & publier ſes idées ſur le mode de convocation & la repréſentation nationale, excita à l'avance la fermentation des eſprits.

La Régence d'Anne d'Autriche a été bien plus orageuſe, & la Monarchie n'a pas été ébranlée; au milieu des plus grands troubles, & même parmi les perſonnes qui étoient le plus contraires au Gouvernement, il regnoit un attachement invariable aux anciennes maximes. Le grand Condé, qui avoit eu pluſieurs fois les armes à la main contre ſon Souverain, s'oppoſa dans ce temps à l'Aſſemblée des Etats, qu'il regardoit, dit-il, comme dangereuſe à la Monarchie.

L'Aſſemblée des Etats auroit pu être ſans inconvéniens, ſi l'on avoit pris les précautions néceſſaires pour arrêter ou prévenir ſes entrepriſes; ſi on avoit fixé ſon ſéjour à cinquante lieues de la capitale; ſi on avoit eu ſoin de faire entrer dans cette Aſſemblée des hommes éclairés & imbus de bons principes; ſi on avoit eu enfin l'attention d'en écarter les eſprits brouillons, & d'uſer enſuite des moyens qu'on avoit d'influer ſur une Aſſemblée, dont la plupart des Membres n'avoient d'autre but, que de jouer un rôle, d'acquérir une réputation, & de se procurer des avantages. On méprisa telle- ment les plus simples moyens, qu'on ne prit au- cune mesure pour écarter Mirabeau, diffamé par ses mœurs, redoutable par son génie. Il venoit de publier un ouvrage dans lequel il avoit répandu les plus absurdes calomnies sur les personnes les plus éminentes par leur rang & recommandables par leurs vertus. Le Parlement avoit pris connois- sance de ce délit scandaleux, & étoit prêt de le décréter de prise de corps. La plus légère insi- nuation du Gouvernement auroit hâté sa marche; & Mirabeau, sous les liens d'un décret, ou con- traint à fuir, n'auroit point été nommé Représentant de la Nation.

FIN.